자신만만 영문법 1 급상승

동사편

자신만만
영문법1 급상승 [동사편]

저 자 백예지, 이관우
발행인 고본화
발 행 반석출판사
2016년 1월 1일 초판 1쇄 인쇄
2016년 1월 5일 초판 1쇄 발행
반석출판사 | www.bansok.co.kr
이메일 | bansok@bansok.co.kr
블로그 | blog.naver.com/bansokbooks

157-779 서울시 강서구 양천로 583번지 B동 904호
　　　　(서울시 강서구 염창동 240-21 우림블루나인 비즈니스센터 B동 904호)
대표전화 02) 2093-3399 **팩 스** 02) 2093-3393
출 판 부 02) 2093-3395 **영업부** 02) 2093-3396
등록번호 제 315-2008-000033호

Copyright ⓒ 백예지, 이관우

ISBN 978-89-7172-777-5 (13740)

■ 교재 관련 문의: bansok@bansok.co.kr을 이용해 주시기 바랍니다.
■ 이 책에 게재된 내용의 일부 또는 전체를 무단으로 복제 및 발췌하는 것을 금합니다.
■ 파본 및 잘못된 제품은 구입처에서 교환해 드립니다.

머리말

영문법의 벽 앞에서 좌절의 눈물을 흘릴 수밖에 없었던
우리나라의 모든 사람을 위한 정말 쉬운 영문법 책

영어문법은 말 그대로 영어를 말하고 쓰고 읽는 법을 배우는 것입니다. 간혹 우리나라에서 영어문법만 강조해서 우리나라 사람들이 영어를 못한다고 말하는 이도 있지만, 그들이 암기하라고 주장하는 모든 문장 또한 영어문법의 규칙에 의해 쓰인 문장이기도 합니다.

영어문법을 어려워하는 가장 큰 이유 중 하나는 문법공부의 동기부여가 정확하게 되어 있지 않기 때문입니다. 위에 말한 것처럼 영어문법을 배우는 가장 큰 이유는 영어를 정확하게 쓰고 읽고 말하기 위해서지만, 대한민국의 수많은 문법책들은 문법이론의 학습에 이어 문법문제풀이로 구성되어 있으며 이를 영작, 회화, 읽기에 어떻게 적용시키는지를 설명하지는 않고 있습니다.

이를 극복하겠다며 등장하여 인기를 끌었던 많은 문법책들은 '문법을 이해하자'는 주장을 내세워 나름의 성공을 거두긴 했지만 이 또한 복잡하게만 보였던 문법이론서들에 다소 친절한 분석, 설명을 곁들인 책들이 대부분입니다.

문법서에 있는 하나의 큰 단원을 공부하고 나서 이에 해당하는 문법문제를 푸는 것만으로는 그 문법공부가 종합적인 영어실력의 토대로 이어지는 데 한계가 있는 것이 사실입니다. 그러니 두꺼운 문법 이론서를 다 읽고 나서도 기본적인 쉬운 영어 문장하나 만들지 못해서 영어 작문 책을 또 별도로 구매해서 읽어야 하는 번거로움만 생길 뿐입니다.

물론 쉽다고 해서 좋은 책은 절대 아닐 수 있지만, 그 '쉽다'는 것이 내용이 쉬운 것이 아니라 정확한 학습의 방향성을 설정하고, 반복을 통해서 연습하게 하고, 암기할 부분과 이해해야 할 부분을 명확히 구분해준다면 이는 학습자들에게 최고로 '쉽고 좋은' 책이 될 것입니다.

이 책은 15년 넘게 대학생들에게 영어문법을 가르쳐온 사람과 5년간 중·고교 학생들에게 영어문법을 가르쳐온 사람이 만나 이러한 문제와 해결책에 공감하고 해결하기 위해 집필한 책입니다. 여러분의 영어공부에 도움이 되기를 바랍니다.

영어문법에 관한 모든 궁금증은 카카오톡(ID grusoop)으로 물어보세요!!
이 책에 도움을 주신 분 : 이민재(택틱스어학원 부원장)

PREFACE

Chapter 1 동사의 기초

Point 001	be동사 뜻, 정말 두 개만 알면 돼?	14
Point 002	be동사의 변신은 무죄	15
Point 003	나는 소년'이었지'	18
Point 004	일반명사와 be동사 짝짓기	19
Point 005	나는 이제 더 이상 소녀가 '아니에요'	22
Point 006	포기하지 '마'!	23
Point 007	너 '배고프니'?	26
Point 008	너 밥 '먹었니'?	27

Chapter 2 문장의 형식

Point 009	자동사와 타동사, 뭐가 달라?	32
Point 010	전치사라는 꼬리표는 누가 달까?	33
Point 011	동사로도 문장이 끝날 수 있어?	36
Point 012	형용사라는 보충제가 필요한 동사	37
Point 013	박쥐처럼 3형식과 4형식을 왔다갔다	40
Point 014	수여동사와 전치사 짝짓기	41
Point 015	수여동사처럼 쓰면 안 돼요!	44
Point 016	say와 tell? 비슷하지만 달라	45
Point 017	provide의 짝꿍은 with	48
Point 018	confer의 짝꿍은 on	49
Point 019	to부정사를 '해라'	52
Point 020	from 이하를 '하지 마라'	53
Point 021	원형부정사를 '하게 하다'	56
Point 022	과거분사를 '되게 하다'	57
Point 023	그가 '가는' 것을 보았어	60
Point 024	그것이 '도둑맞았다고' 들었어	61
Point 025	목격하기만 하나? 목격당하기도 하지!	64
Point 026	너를 '기다릴 수밖에 없었어'...	65

Point 027	help... 너 사역동사랑 좀 닮았다?	68
Point 028	팔방미인 get	69
Point 029	목적보어는 형용사? 부사?	72
Point 030	목적어가 가짜? 가목적어	73

Chapter 3 시제

Point 031	일한다? 일하고 있다?	78
Point 032	가지고 있지만 having은 안 돼요	79
Point 033	일했다? 일해왔다?	82
Point 034	현재완료시제의 여러 가지 의미	83
Point 035	'지난주에' 영어를 '공부했지'	86
Point 036	'3년 동안' 영어를 '공부해왔지'	87
Point 037	과거보다 더 과거면 과거완료를!	90
Point 038	언제 과거완료를 쓰지?	91
Point 039	ago vs before	94
Point 040	no sooner A than B	95
Point 041	미래와 미래완료는 상황이 달라요	98
Point 042	미래완료와 가장 친한 짝꿍 by the time	99
Point 043	현재가 미래일 '때'?	102
Point 044	현재가 미래'라면'?	103

Chapter 4 조동사

Point 045	그는 너를 '사랑할 거야'	108
Point 046	그는 너를 '사랑했을 거야'	109
Point 047	will과 would	112
Point 048	can과 could	113
Point 049	must와 have to	116
Point 050	may와 might	117
Point 051	should가 그렇게 중요한 조동사야?	120

차례

Point 052	should, 왜 숨는 거야?	121
Point 053	need의 정체는 일반동사? 조동사?	124
Point 054	조동사처럼 안 생긴 조동사 had better	125

Chapter 5 가정법

Point 055	가정법 과거와 과거완료, 뭐가 다른가요?	130
Point 056	가정법 과거와 과거완료의 형태	131
Point 057	두 개의 가정법을 섞어도 되나요?	134
Point 058	if가 없어져도 티가 나!	135
Point 059	가정법 미래에는 should가 보여요	138
Point 060	해가 서쪽에서 뜬다면? were to 가정법	139
Point 061	if 없어도 가정법 맞아요~ I wish 가정법	142
Point 062	I wish 가정법의 시제 확인하기	143
Point 063	as if 가정법의 시제 익히기	146
Point 064	It is time 가정법	147

Chapter 6 부정사와 동명사

Point 065	부정사, 왜 태어났니?	152
Point 066	동명사, 넌 왜 태어났니?	153
Point 067	부정사는 미래, 동명사는 과거	156
Point 068	목적어 형태 따라 뜻도 달라져?	157
Point 069	부정사만 나를 따르라 1	160
Point 070	부정사만 나를 따르라 2	161
Point 071	동명사만 나를 따르라 1	164
Point 072	동명사만 나를 따르라 2	165
Point 073	모양도 뜻도 여러 가지, use	168
Point 074	부정사가 아닌 전치사의 to?	169
Point 075	주어, 다 받아주어라!	172
Point 076	전치사 뒤에는 부정사 말고 동명사	173

Point 077	명사를 꾸며주는 부정사	176
Point 078	be동사 뒤에도 부정사가?	177
Point 079	동사를 꾸며주기 '위하여'	180
Point 080	동사를 꾸며주고 '말았다'	181
Point 081	내가 '놀란 이유'는 부정사 때문이야	184
Point 082	가주어-진주어 구문, 쉬워? 어려워?	185
Point 083	to부정사 앞에도 주어를 쓸 수 있어요	188
Point 084	동명사 앞에도 주어를 쓸 수 있어요	189
Point 085	부정사에도 시제가 있다	192
Point 086	동명사에도 시제가 있다	193
Point 087	부정사의 능동과 수동	196
Point 088	동명사의 능동과 수동	197

Chapter 7 분사

Point 089	빗속을 '걷고 있는' 그 여자	202
Point 090	눈 '덮인' 그 길을 걸었네	203
Point 091	be동사 뒤에 현재분사가 오면?	206
Point 092	be동사 뒤에 과거분사가 오면?	207
Point 093	실망한 거야? 실망시킨 거야? 1	210
Point 094	실망한 거야? 실망시킨 거야? 2	211
Point 095	분사구문은 왜 필요한가요?	214
Point 096	ing가 없어도 분사구문이라고?	215
Point 097	바지가 산에 올라가게 만들지 마세요	218
Point 098	분사구문도 능동과 수동이 있다	219
Point 099	분사구문, 해석할 때 신경 좀 써야겠는데?	222
Point 100	밥을 먹고 '나서' 이를 닦아야지	223

정 답

227

이 책의 특징 및 활용 방법

> 이 책을 선택하신 독자분들은 다음과 같습니다.
> ✓ 대한민국 10대부터 50대까지 모든 영어 학습자
> ✓ 영어는 그냥 '닥치고 암기다'라고 잘못 생각하고 있는 모든 학습자
> ✓ 영어 문법 공부에 배신당해본 적이 있는 학습자

1. 한 번에 하나씩만 배운다

그동안 문법이 왜 어려웠는가? to부정사의 명사적 용법부터 to부정사의 시제까지 하루 종일 또는 일주일 내내 억지로 이해하며 읽어야 했기 때문이 아닌가? 본 책은 문법의 하나의 단원을 학습자가 이해해가야 하는 순서대로 '여러 개의 조각'으로 나누어서 학습하게 하였다. 즉, to부정사 한 단원에도 여러 가지 소단원을 개별적으로 공부하되, 이것이 큰 퍼즐을 맞춰나가듯이 연결되게끔 학습효과를 극대화시켰다.

2. 이해할 문법과 암기할 문법을 구분했다

시중의 문법책들의 가장 황당한 상황들 중 하나는 '문법은 이해가 우선이다' '문법은 결국 암기하는 것이다'라는 양측의 대결구도가 존재하고 있다는 사실이다. 문법 내용은 이해해야 하는 부분과 암기해야 하는 부분이 공존한다. 이 책은 각 문법의 파트들에 대한 학습방향을 올바르게 제시하여 각 파트의 연습문제들의 각각 다른 형태를 통해 '암기'가 우선인지 '이해'가 우선인지를 학습자가 스스로 알게 해두었다. 물론 모든 단원마다 암기와 이해가 공존된다면 최상인 것은 분명하다.

3. 꼭 필요한 것들을 다루었다

기초문법과 중급문법이 서로 크게 다른가? 아니다. 문법학습은 위에도 말했지만 '왜' 그리고 '어떻게' 하는지가 중요한 것이지 그 책의 수준이 기초인지 중급인지는 별로 중요하지 않다. 문법을 배웠을 때 그 배운 것을 과연 어느 수준까지 적용할 수 있는지가 더 중요하며, '쉬운가 어려운가'보다 '꼭 알아야 하는 것인가 그렇지 않은가'가 더 중요하기 때문이다. 본 책에는 영어 문법들 중에서 '영작, 회화, 리딩'에 필수적인 부분들을 그것이 소위 말하는 기초인지 중급인지를 구분하지 않고 실었다. 즉 '필요하니까' be동사도 다시 공부하는 것이며 '완료부정사'라는 다소 어려운 문법 내용도 이 책에서 같이 공부하는 것이다.

4. 동영상 강의로 문법공부를 더욱 쉽게

매 Chapter의 시작 페이지에 있는 QR코드를 스마트폰으로 찍으면 해당 Chapter에 대한 동영상 강의를 바로 볼 수 있다. 책만큼이나 쉬우면서도 알짜배기를 다룬 동영상 강의는 어렵게만 생각되었던 영문법을 더 쉽고 가깝게 느낄 수 있도록 도와줄 것이다.

5. 반복 또 반복학습

각 소단원이 끝날 때마다 곧바로 연습문제들을 넣었다. 바로 앞에서 이해하거나 암기한 내용들을 토대로 바로 뒤에 연습문제를 풀 수 있게 구성하였으며, 이는 각 단원마다 영작, 회화, 리딩 중 어느 쪽에 가장 필요한지에 따라 문제형태를 구성하였다. 책의 페이지가 안내하는 대로 자연스럽게 따라오다 보면 문법 전체의 틀의 구성이 잡히게 될 것이다.

★ 이 책의 학습과 관련하여 모든 궁금한 점 언제든 질문과 상담 환영합니다.

동사의 기초

영어 문장의 주요 구성성분인 동사 중에서도 가장 기초가 되는 be동사에 대해 학습하도록 합니다. 이는 영문법을 본격적으로 학습하기 전에 반드시 선행되어야 하는 기초 문법사항이므로 이번 챕터에서는 be동사에 대해서 확실히 이해하도록 합니다. 또한 평서문을 부정문과 의문문으로 바꾸는 방법도 함께 학습하도록 합시다.

Chapter 1

Point 01
be동사 뜻, 정말 두 개만 알면 돼?

be동사의 첫 번째 뜻: ~이다

be동사는 뜻이 두 개라는 사실을 알고 있나요? be동사에는 '~이다'라는 뜻과 '~있다'라는 뜻 두 개가 있어요.

- **He is Chinese.**
  그는 중국인이다. (O) 그는 중국인이 있다. (X)
- **I am from Korea.**
  그는 한국 출신이다. (O) 그는 한국 출신 있다. (X)
- **This pencil is short.**
  이 펜은 짧다. (O) 이 펜은 짧은 있다. (X)

be동사의 두 번째 뜻: ~있다

아래 문장들을 읽어봅니다.

- **The pencil is in the room.**
  그 펜은 그 방 안에 있다. (O)
  그 펜은 그 방 안에이다. (X)
- **The child is not in the classroom.**
  그 아이는 교실에 있지 않다. (O)
  그 아이는 교실에이지 않다. (X)

'~가 있다'라고 표현할 때 <There + be동사 + 주어> 형태를 쓸 수 있어요. 이때 주어는 There가 아니라 be동사 뒤의 주어예요.

- There is a desk in the room.
  그 방 안에는 책상이 한 개 있다.
- There are two trees in the garden.
  그 정원에는 나무 두 그루가 있다.

Point 02
be동사의 변신은 무죄

대명사에 맞는 be동사 쓰기

자, be동사를 해석할 수 있다면 이제 쓸 줄도 알아야겠죠? be동사를 올바르게 쓰려면 다음을 먼저 알아야 해요. 대명사와 be동사를 짝짓는 방법을 배워봅시다.

단수		be동사	복수		be동사
인칭대명사		be동사	인칭대명사		be동사
1인칭	I	am	1인칭	We	are
2인칭	You	are	2인칭	You	are
3인칭	He / She / It	is	3인칭	They	are

- **I am** very kind when I meet her.
  나는 그녀를 만날 때 엄청 친절해요.

- **You are** so kind.
  넌 대단히 친절하구나.

- **He is** a student in my class.
  그는 우리 반 학생이에요.

- **We are** going to travel together.
  우리는 함께 여행할 거예요.

연습문제 1

- 빈칸에 적절한 be동사의 현재형을 쓰세요.

    1. He _____ Korean.
    2. I _____ from America.
    3. You _____ kind.
    4. He _____ very tall.
    5. They _____ good friends.
    6. We _____ at the store.

- 우리말과 같은 뜻이 되도록 빈칸을 채우세요.

    1. 그들은 학교에 지각했다.
        They _____ late for school.
    2. 그녀는 지금 아프다.
        She _____ sick now.
    3. 그들은 지금 버스에 타고 있다.
        They _____ on a bus.
    4. 그녀는 유명한 가수이다.
        She _____ a famous singer.
    5. 우리는 항상 바쁘다.
        We _____ always busy.
    6. 나는 내 동생 방에 있다.
        I _____ in my brother's room.
    7. 그는 잘생기고 똑똑하다.
        He _____ handsome and smart.

■ 우리말과 같은 뜻이 되도록 빈칸을 채우세요.

1. 그곳에는 멋진 카페 하나가 있다.

   There _____ a nice cafe there.

2. 내 방에는 침대가 없다.

   There _____ no bed in my room.

3. 학교 근처에 가게가 하나 있다.

   There _____ a shop near the school.

4. 우리 집 근처에 공중전화가 있다.

   There _____ a pay phone near my house.

5. 저희 가족은 아이들이 셋 있습니다.

   In my family, there _____ three children.

6. 그런 이름 가진 사람 여기 없는데요.

   There _____ no one here by that name.

7. 세상에는 정말 쉬운 일이 없습니다.

   There _____ nothing easy in this world.

■ 두 개의 보기 중에서 올바른 것을 고르세요.

1. There [is / are] a food court near the shopping center.

2. There [is / are] thunder and lightning now.

3. There [is / are] no TV set in the living room of my house.

4. There [is / are] no best method of learning English.

나는 소년 '이었지'

 대명사에 맞는 be동사의 과거형

'지난 일'을 표현할 때에는 동사를 과거형으로 써요. be동사를 과거형을 쓰는 것도 배워봅시다.

단수		복수	
인칭대명사	be동사	인칭대명사	be동사
1인칭 I	was	1인칭 We	were
2인칭 You	were	2인칭 You	
3인칭 He / She / It	was	3인칭 They	

- **I was** very kind when I met her.
  나는 그녀를 만났을 때 엄청 친절했어요.

- **You were** so kind.
  넌 대단히 친절했어.

- **He was** a student in my class.
  그는 우리 반 학생이었어요.

- **We were** going to travel together.
  우리는 함께 여행할 계획이었어요.

Point 04
일반명사와 be동사 짝짓기

 단수명사는 is와 was, 복수명사는 are와 were

일반명사는 -s가 붙지 않으면 단수이고 -s가 붙으면 복수예요. '그 책'은 the book, '그 책들'은 the books가 되겠지요? 명사가 단수면 be동사는 is와 was로, 명사가 복수면 be동사는 are와 were로 짝짓기를 합니다. 아래 문장들을 보며 단수와 복수를 구분해서 표시해봅시다.

- **The car is so nice.**
  그 차 정말 멋진데요.   단수 ☐ 복수 ☐

- **The soup is delicious.**
  그 수프는 맛있네요.   단수 ☐ 복수 ☐

- **The classroom is clean.**
  그 교실은 깨끗하군요.   단수 ☐ 복수 ☐

- **Your hat was so nice.**
  네 모자는 아주 멋졌어.   단수 ☐ 복수 ☐

- **The cake was not delicious.**
  그 케이크는 맛이 없었다.   단수 ☐ 복수 ☐

- **The park was not clean.**
  그 공원은 깨끗하진 않았다. 단수 ☐ 복수 ☐

- **The cars were so expensive.**
  그 차는 너무 비쌌다.   단수 ☐ 복수 ☐

- **The baseball players were in the restaurant.** 단수 ☐ 복수 ☐
  그 야구선수들이 그 식당에 있었다.

연습문제 2

- 우리말과 같은 뜻이 되도록 빈칸을 채우세요.

    1. 그는 어제 집에 있었다.

        He _____ at home yesterday.

    2. 나는 수학을 잘했었다.

        I _____ good at mathematics.

    3. 우리는 그때 그 공원에 있었습니다.

        We _____ at the park then.

    4. 그는 어제 또 수업에 늦었다.

        He _____ late for class yesterday.

    5. 그녀는 전 세계적으로 유명했다.

        She _____ famous all around the world.

    6. 그것은 매우 비쌌다.

        It _____ very expensive.

    7. 그들은 매우 빨랐다.

        They _____ very fast.

- 두 개의 보기 중에서 올바른 것을 고르세요.

    1. She [was / were] tired yesterday.

    2. It [was / were] so heavy that we couldn't move it.

    3. We [was / were] sad to hear the news.

    4. I [was / were] in Busan last year.

    5. You [was / were] very brave yesterday.

■ 두 개의 보기 중에서 올바른 것을 고르세요.

1. My parents [is / are] in the garden.
2. Tom [is / are] late for class.
3. Those bags [was / were] not expensive.
4. My father [was / were] fat when young.
5. The cookies [is / are] delicious.
6. The car [is / are] so small.
7. The coffee [is / are] not very hot.
8. His birthday [is / are] July 11th.

■ 빈칸에 적절한 단어를 쓰세요.

1. The book under the chair _____ mine.
   그 의자 밑에 있는 책은 내 것이다.

2. The player _____ very tall.
   그 선수는 키가 너무 컸었다.

3. I think that English _____ relatively easy.
   내 생각에 영어는 비교적 쉽다.

4. The books _____ useful for me.
   그 책들은 나에게 매우 유익했다.

5. Most programs _____ a complete waste of time.
   대부분의 프로그램들은 시간 낭비다.

나는 이제 더 이상 소녀가 '아니에요'

be동사의 부정문

be동사는 부정문이 간단해요. be동사 뒤에 not을 붙여 씁니다.

주어	현재형	과거형
I	am not	was not
You	are not	were not
He / She / It	is not	was not
We / You / They	are not	were not

be동사 부정문의 축약형

be동사 부정문의 축약형은 You're not처럼 쓰기도 하지만 You aren't 으로 쓰기도 합니다.

- **He is not my friend.** 그는 내 친구가 아니에요.
  = He isn't my friend.
  = He's not my friend.
- **We are not ready for the show.** 저희는 쇼 준비가 안 되었어요.
  = We aren't ready for the show.
  = We're not ready for the show.
- **He was not my friend.** 그는 내 친구가 아니었습니다.
  = He wasn't my friend.

포기하지 '마'!

 ## 일반동사의 부정문

일반동사를 부정문으로 만들 때에는 do not, does not, did not이 앞에 붙어요.

주어	현재형	과거형
I	do not	did not
You	do not	
He / She / It	does not	
We / You / They	do not	

 ## 일반동사 부정문의 축약형

일반동사의 부정문도 축약형을 쓸 수 있는데, don't, doesn't, didn't입니다.

- I do not study English very hard.
  = I don't study English very hard.
  나는 영어를 매우 열심히 공부하지는 않습니다.

- She does not listen to pop music.
  = She doesn't listen to pop music.
  그녀는 팝음악을 듣지 않아요.

- They did not have enough money.
  = They didn't have enough money.
  그들은 돈이 충분하지 않았습니다.

연습문제 3

■ 다음 문장을 부정문으로 바꿔 쓰세요.

1. I am a businessman from Korea.
   _____

2. Tom was with his girlfriend.
   _____

3. Some people are at the museum.
   _____

4. They are the best players in our team.
   _____

5. The movie is very interesting.
   _____

6. She was disappointed at the news.
   _____

7. The baseball player was from America.
   _____

■ 다음 밑줄 친 부분을 축약형으로 바꿔 쓰세요.

1. He <u>is not</u> a very good player. (   )

2. You <u>are not</u> my enemy. (   )

3. It <u>is not</u> my bag. (   )

4. They <u>were not</u> friendly. (   )

5. We <u>were not</u> busy yesterday. (   )

■ 다음 문장을 부정문으로 바꿔 쓰세요.

1. He studies very hard nowadays.
   _____

2. I worked in the hospital last year.
   _____

3. He asked her a lot of questions yesterday.
   _____

4. She opened her shop last year.
   _____

5. We stayed in the hotel all day long.
   _____

■ 다음 밑줄 친 부분을 축약형으로 바꿔 쓰세요.

1. The director of the movie <u>did not</u> earn much money. (   )

2. I <u>do not</u> enjoy computer games. (   )

3. She <u>does not</u> study mathematics hard. (   )

4. My parents <u>do not</u> drink coffee. (   )

5. The policeman <u>did not</u> get enough sleep. (   )

너 '배고프니'?

 ### be동사로 의문문 만들기

의문문의 특징은 두 가지가 있어요! 〈동사 + 주어〉의 어순이라는 것과 뒤에 question mark, 즉 물음표(?)가 붙는다는 것이지요. 일단 be동사로 의문문을 만들어봅시다.

질문	대답
Am I ~ ?	Yes, you are.
Are you ~ ?	Yes, I am.
Is he[she, it] ~ ?	Yes, he[she, it] is.
Are we[you, they] ~ ?	Yes, we[you, they] are.

 ### 평서문과 의문문 비교

- 평서문: She was in her room.
  의문문: Was she in her room? 그녀는 방에 있었습니까?
- 평서문: You are a doctor.
  의문문: Are you a doctor? 당신은 의사입니까?
- 평서문: It is very necessary.
  의문문: Is it very necessary? 이것이 매우 필요하나요?

Point 08
너 밥 '먹었니'?

일반동사로 의문문 만들기

일반동사로 의문문을 만들 때에는 부정문을 만들 때와 마찬가지로 do, does, did가 앞으로 나와요.

질문	대답
Do I ~ ?	Yes, you do.
Do you ~ ?	Yes, I do.
Does he[she, it] ~ ?	Yes, he[she, it] does.
Do we[you, they] ~ ?	Yes, we[you, they] do.

평서문과 의문문 비교

- 평서문: I look handsome.

  의문문: **Do I** look handsome? 제가 잘생긴 것 같아요?
- 평서문: You live in Seoul.

  의문문: **Do you** live in Seoul? 너는 서울에 살고 있니?

이때 과거시제인 경우에는 do, does 대신 주어에 상관없이 모두 did를 씁니다.
- 평서문: She passed the exam.
- 의문문: Did she pass the exam? 그녀가 시험에 붙었나요?

연습문제 4

- **다음 문장을 의문문으로 바꿔 쓰세요.**

    1. He was a soccer player.
    _____

    2. They were at the theater yesterday.
    _____

    3. His girlfriend is still sick.
    _____

    4. She is afraid of heights. (afraid of heights: 고소공포증이 있는)
    _____

    5. You are very diligent.
    _____

    6. The teacher is very talented for music.
    _____

    7. This is Jane's cell phone.
    _____

- **다음 질문에 대한 적절한 대답을 쓰세요.**

    1. Are you and your girlfriend at the cafe?
    _____

    2. Is she able to speak English?
    _____

    3. Does he love his job?
    _____

- 다음 문장을 의문문으로 바꿔 쓰세요.

    1. He dropped the glass yesterday.
       _____

    2. The store has various clothes.
       _____

    3. She visited the city last year.
       _____

    4. A police officer stopped her car.
       _____

    5. You planned to travel China.
       _____

    6. He made a big mistake yesterday.
       _____

    7. His brother wants to buy a new car.
       _____

- 두 개의 보기 중에서 우리말에 맞는 영어 표현을 고르세요.

    1. 그녀가 돈이 필요한가요?

       Does she [need / needs] some money?

    2. 그들이 그 공연에 다녀왔습니까?

       [Do / Did] they go to the concert?

    3. 그가 좋은 이야기들을 많이 알고 있나요?

       Does he [know / knows] a lot of good stories?

몬무룩...

문장의 형식

동사는 목적어 유무에 따라 자동사와 타동사, 보어 유무에 따라 완전동사와 불완전동사로 나누어집니다. 학자들에 따라 동사를 5가지 형식으로 분류하기도 하고, 7형식, 22형식 등으로 분류하기도 합니다. 오랫동안 5형식을 사용해왔기 때문에 한 번에 바꾸는 게 쉽지 않아 여전히 5형식으로 배우지만, 5형식으로는 도저히 설명할 수 없는 문장들이 존재합니다. 그래서 최근에는 7형식론이 대두되고 있지만 더욱 복잡해진다는 점을 볼 때 쉽게 정착되지는 않을 듯합니다.

따라서 최근에는 아예 동사를 자동사와 타동사로만 구분하고 나머지는 해당 동사의 특징으로 본다는 단순한 관점이 설득을 얻고 있습니다. 영어를 모국어로 사용하는 원어민들도 5형식이나 7형식까지는 몰라도 자동사, 타동사로는 구분을 하고 있습니다. 우리도 자·타동사의 구분방식으로 접근하는 게 가장 빠르고 편할 것입니다. 나아가 목적격보어가 등장하는 5형식에 대한 이해를 병행한다면 큰 틀에서 문장을 이해하는 데 큰 도움이 될 것입니다.

Chapter 2

자동사와 타동사, 뭐가 달라?

자동사는 뒤에 목적어가 올 수 없는 동사이며, 타동사는 뒤에 목적어가 오는 동사입니다. 동사 중에는 자동사나 타동사 하나로만 쓰이는 것도 있지만 자동사와 타동사로 모두 쓰이는 것도 많습니다.

 ## 자동사와 타동사의 예

자동사	타동사
seem ~하게 보이다	teach ~을 가르치다
appear 나타나다	give ~을 주다
run 달리다	raise ~을 올리다
become ~이 되다	collect ~을 모으다
consist 구성되다	hit ~을 치다
fall 떨어지다	enjoy ~을 즐기다
rise 올라가다, 증가하다	understand ~을 이해하다
lie 놓여 있다	resemble ~을 닮다
disappear 사라지다	show ~을 보여주다

다음 동사처럼 상황에 따라 자동사와 타동사 둘 다로 쓸 수 있는 것도 있습니다.
- 자동사: I <u>studied</u> hard. 나는 열심히 공부했다.
- 타동사: I <u>studied</u> English hard. 나는 영어를 열심히 공부했다.

Point 10
전치사라는 꼬리표는 누가 달까?

자동사는 뒤에 목적어가 바로 올 수 없기 때문에 전치사가 오는 경우가 많으며 타동사는 전치사 없이 곧바로 목적어(명사, 대명사)가 옵니다.

- 타동사: I invited them to the party.
- 자동사: He sat down on the chair.

헷갈리기 쉬운 타동사의 예

다음은 자동사처럼 보이지만 실제로는 타동사이기 때문에 전치사를 쓸 수 없습니다.

- resemble(~을 닮다) ~~with~~
- reach(~에 도착하다) ~~at/in~~
- enter(~에 들어가다) ~~into~~
- await(~을 기다리다) ~~for~~
- attend(~에 참석하다) ~~in~~
- marry(~와 결혼하다) ~~with~~
- approach(~에 접근하다) ~~to~~
- discuss(~을 토의하다) ~~about~~
- join(~에 가입하다) ~~in~~
- oppose(~에 반대하다) ~~to~~

전치사와 함께 쓰이는 자동사의 예

반대로, 다음은 타동사처럼 보이지만 실제로 자동사이기 때문에 전치사와 함께 쓰입니다.

- participate in ~에 참석하다
- account for ~을 설명하다
- object to ~에 반대하다
- complain about ~에 대해 불평하다
- agree with ~에게 동의하다
- arrive at ~에 도착하다
- look for ~을 찾다
- graduate from ~를 졸업하다
- wait for ~을 기다리다
- apologize to ~에 사과하다

연습문제 5

- 다음 동사들을 자동사와 타동사로 구분하세요.

  1. break 깨다 (   )
  2. wake up 일어나다 (   )
  3. cry 울다 (   )
  4. swim 수영하다 (   )
  5. fly 날다 (   )
  6. forget 잊다 (   )
  7. lie 놓여 있다 (   )
  8. see 보다 (   )
  9. sit 앉다 (   )
  10. help 돕다 (   )
  11. like 좋아하다 (   )
  12. invite 초대하다 (   )
  13. miss 놓치다 (   )
  14. weigh 무게가 나가다 (   )

- 빈칸에 전치사가 들어갈 수 있는지 없는지 O, X로 표시하세요.

  1. 사람들은 높은 물가에 대해 불평하고 있다.

     People are complaining (   ) high prices.

  2. 나는 그 방으로 들어갔다.

     I entered (   ) the room.

  3. 그는 대학을 2012년에 졸업했다.

     He graduated (   ) the University in 2012.

  4. 나는 그 단어의 의미를 이해할 수 없다.

     I can't understand (   ) the meaning of the word.

  5. 그는 항상 잔디 위에 누워 있다.

     He lies down (   ) grass.

  6. 만일 저를 초대해주신다면 기쁠 것입니다.

     If you will invite (   ) me, I will be glad.

■ 빈칸에 적절한 전치사를 쓰세요.

1. I'm sitting _____ the park now.
   나는 지금 공원 안에 앉아 있는 중이다.

2. I'm writing _____ the movie.
   나는 그 영화에 대해 글을 쓰고 있다.

3. They objected _____ the policy.
   그들은 그 정책에 대해 반대했다.

4. She has not graduated _____ the school.
   그녀는 아직 학교를 졸업하지 못했다.

5. I went to the airport to wait _____ him.
   그를 기다리기 위해 나는 공항으로 갔다.

6. A bus arrived _____ the bus stop.
   버스 한 대가 그 정류장에 도착했다.

7. He is not likely to agree _____ me.
   그가 나에게 동의할 것 같지 않다.

■ 다음 지문 중에서 틀린 부분을 모두 찾으세요.

When he graduates the school, he will go to France and study more. however, his parents don't agree with him. He sometimes tries to persuade them, but they refuse to discuss about the problem with him.

Point 11
동사로도 문장이 끝날 수 있어?

 완전자동사란?

주어와 동사만으로 완전한 문장이 될 수 있는 것을 1형식 문장이라고 하며 이러한 동사를 완전자동사라고 합니다.

- **Housing prices increase.**
  주택 가격이 증가하고 있다.

➔ 동사인 increase까지만 써도 문장이 다 이해되지요? 이러한 것을 완전자동사라고 합니다.

- **The boys can swim.**
  그 소년들은 수영을 할 수 있다.

➔ 이 문장 역시 swim까지만 써도 문장이 완전하지요? 이러한 구조를 1형식 문장이라고 합니다.

> 이러한 완전자동사 뒤에 부사는 올 수 있지만 형용사는 올 수 없습니다.
> - The sun is shining bright. (✗)
>   The sun is shining brightly. (○)
>   해가 밝게 빛나고 있다.
> - The students are singing loud. (✗)
>   The students are singing loudly. (○)
>   그 학생들은 크게 노래 부르고 있다.
> - Sharks can swim very quick. (✗)
>   Sharks can swim very quickly. (○)
>   상어들은 매우 민첩하게 수영할 수 있다.

Point 12
형용사라는 보충제가 필요한 동사

 불완전자동사란?

2형식동사는 불완전자동사라고 하며 동사까지만 쓰면 문장 내용이 불완전하여 뒤에 주격보어(명사, 형용사 등)를 쓰는 동사입니다. 이러한 동사에는 다음의 것들이 있습니다.

be동사	am, is, are, was, were
상태의 변화동사	become, get, grow, turn, go, run, fall ~하게 되다
상태의 유지동사	remain, keep, stay, hold 여전히 ~하다
감각동사	look, seem ~하게 보이다 taste ~한 맛이 나다 smell ~한 냄새가 나다 sound ~하게 들리다 feel ~하게 느껴지다

이러한 불완전 자동사 뒤에는 부사가 올 수 없고 형용사가 옵니다.

- He remained silently. (X)
  He remained silent. (O)
  그는 계속 침묵했다.

- He looks sadly today. (X)
  He looks sad today. (O)
  그는 오늘 슬퍼 보인다.

- He became famously. (X)
  He became famous. (O)
  그는 유명하게 되었다.

- The food tastes sourly. (X)
  The food tastes sour. (O)
  그 음식은 신맛이 난다.

아하~!
그렇구낭

연습문제 6

■ 다음 단어들을 형용사와 부사로 구분하세요.

sad	_____	well	_____	great	_____
nicely	_____	sick	_____	foolish	_____
enjoyable	_____	quickly	_____	rude	_____
strongly	_____	glad	_____	scary	_____
drunk	_____	recently	_____	missing	_____

■ 다음 밑줄 친 부분이 잘못된 문장을 고른 후 바르게 고쳐 쓰세요.

1. He looked <u>pale</u>. (   )

2. The plan worked pretty <u>well</u>. (   )

3. This underwear feels <u>smoothly</u>. (   )

4. This cake smells <u>greatly</u>. (   )

5. The pizza tastes <u>nicely</u>. (   )

6. I feel <u>happy</u> when I meet with my friends. (   )

7. The player was moving very <u>quick</u>. (   )

8. The piano lesson became more and more <u>easily</u>. (   )

9. The soup tastes <u>delicious</u>. (   )

10. I want my friends to be <u>happily</u>. (   )

11. The pants looks <u>nice</u>. (   )

12. The classroom seems <u>cleanly</u>. (   )

- 두 개의 보기 중에서 올바른 것을 고르세요.

    1. I don't feel [good / well] today.
    2. The roses smell so [sweet / sweetly].
    3. You look [nice / nicely] in the hat.
    4. He became [angry / angrily] when he heard the news.
    5. The accident happened [sudden / suddenly].
    6. My father talks with me [kind / kindly].

- 보기의 단어를 사용하여 다음 우리말을 영작하세요.
  (필요에 따라 영어 단어 변형 가능)

보기	bird	quiet	fly	he
	very	angry	look	classroom
	nice	she	graceful	dance

1. 새들이 조용히 날고 있다.
   _____

2. 그는 화난 것처럼 보였다.
   _____

3. 교실은 매우 멋져 보였다.
   _____

4. 그녀는 우아하게 춤을 추고 있었다.
   _____

Point 13
박쥐처럼 3형식과 4형식을 왔다갔다

 수여동사 + 간접목적어 + 직접목적어

'~에게 ...을 (해)주다'의 상황을 가장 잘 표현할 수 있는 동사를 4형식동사 또는 수여동사라고 합니다. 이때 '~에게'에 해당하는 것을 간접목적어(I.O), '...을/를'에 해당하는 것을 직접목적어(D.O)라고 하며, 4형식 동사는 간접목적어와 직접목적어 사이에 전치사를 쓸 수 없습니다.

- I gave him with a gift. (X)

   I <u>gave</u>   him   a gift. (O)
   　수여동사　간접목적어　직접목적어
   나는 그에게 선물 한 개를 주었다.

- He showed me with some pictures. (X)

   He <u>showed</u>   me   some pictures. (O)
   　　수여동사　간접목적어　　직접목적어
   그는 나에게 몇 장의 사진들을 보여주었다.

이때 직접목적어를 간접목적어 앞에 두면 3형식 구조가 되는데, 이럴 경우 간접목적어 앞에는 전치사를 써야 합니다.

- I teach Tom English.
  = I teach <u>English</u> to <u>Tom</u>.
  　　　　직접목적어　간접목적어
  나는 Tom에게 영어를 가르친다.

수여동사와 전치사 짝짓기

 전치사 to를 사용하는 수여동사

다음의 동사들은 3형식으로 사용할 때 전치사 to를 쓰며, for나 of를 쓰는 일부 경우를 제외하고는 대부분 to를 씁니다.

예 give, teach, send, bring, show, tell, write, lend 등

- I gave him a gift. 나는 그에게 선물 한 개를 주었다.
  = I gave a gift to him.
- Grandma told me a story. 할머니가 나에게 이야기를 해주셨다.
  = Grandma told a story to me.

 to 외의 전치사를 사용하는 수여동사

다음 동사들은 전치사 for를 씁니다.

- He bought his daughter a new dress.
  = He bought a new dress for his daughter.
  그는 그의 딸에게 새 드레스를 사주었다.
- He made her a chocolate cake.
  = He made a chocolate cake for her.
  그는 그녀에게 초콜릿 케이크를 만들어주었다.

ask는 'A에게 B를 묻다'를 표현할 때 ask A B의 수여동사 형식으로 쓰거나 ask B of A의 형태로 씁니다.

- The teacher asked me the answer.
  = The teacher asked the answer of me.
  선생님은 내게 정답을 물어보셨다.

연습문제 7

- 두 개의 보기 중에서 올바른 것을 고르세요.

    1. I bought a necklace [to / for] her.
    2. I showed some photos [to / for] her.
    3. He lent 10 dollars [to / for] me.
    4. He teaches history [to / for] her.
    5. My parents gave a new computer [to / for] me.

- 다음 4형식 문장을 3형식 문장으로 바꿔 쓰세요.

    1. I'll tell you the truth.
       _____
    2. Jane asked me my address.
       _____
    3. I will buy you a drink.
       _____
    4. You can teach us English.
       _____
    5. I bought my son a new camera.
       _____

■ 밑줄 친 부분을 바르게 고쳐 쓰세요.

1. The woman asked a lot of questions <u>to me</u>. (　　　)

2. Did you send a text message <u>for me</u>? (　　　)

3. He gave his umbrella <u>for me</u>. (　　　)

4. My boyfriend bought some flowers <u>to me</u>. (　　　)

5. I made some food <u>to my cats</u>. (　　　)

■ 빈칸에 들어갈 적절한 단어를 보기에서 골라 쓰세요. (중복 가능)

보기	bought	to	asked	make
	for	taught	buy	sent
	made	teaches	ask	of

1. 누나가 우리에게 엽서를 만들어주었다.

   My sister _____ a postcard _____ us.

2. 내 여자 친구가 나에게 목도리를 사주었다.

   My girlfriend _____ a muffler _____ me.

3. 아버지는 할아버지께 새 TV를 보내셨다.

   My father _____ a new TV _____ my grandfather.

4. 그 선생님은 우리에게 수학을 가르치신다.

   The teacher _____ mathematics _____ us.

5. 그 경찰아저씨는 나에게 전화번호를 물어보셨다.

   The policeman _____ my phone number _____ me.

Point 15
수여동사처럼 쓰면 안 돼요!

수여동사로 착각하기 쉬운 동사

'~에게 ...을'이라는 의미로 주로 쓰인다고 해서 모든 동사가 수여동사처럼 쓰이는 것은 아닙니다. introduce(소개하다), explain(설명하다), suggest(제안하다), confess(고백하다)와 같은 동사들은 수여동사로 쓸 수 없기 때문에 '~에게'에 해당하는 말 앞에는 항상 전치사 to를 써야 합니다.

- He explained me the meaning. (X)

  He explained the meaning to me. (O)
  그는 나에게 그 의미를 설명했다.

- He introduced his wife me. (X)

  He introduced me to his wife. (O)
  그는 자기 아내에게 나를 소개해주었다.

- He suggested us that we go to his office. (X)

  He suggested to us that we go to his office. (O)
  그는 우리에게 그의 사무실에 가야 한다고 제안했다.

- The man confessed his parents his crime. (X)

  The man confessed his crime to his parents. (O)
  그 사람은 부모에게 그의 죄를 고백했다.

Point 16

say와 tell? 비슷하지만 달라

 ⟨tell + 목적어⟩ VS ⟨say + to + 목적어⟩

'A에게 B에 대해 말하다'를 표현할 때 tell은 수여동사이지만 say는 수여동사가 아니기 때문에 say 다음에 '~에게'에 해당하는 말을 쓸 때에도 항상 ⟨to + 사람⟩의 형태로 써야 합니다. tell 뒤에는 '듣는 사람'이 거의 필수적으로 쓰이지만 say 뒤에는 '듣는 사람'이 나오지 않거나 또는 ⟨to + 사람⟩ 형태가 옵니다.

- **He said to me that he had seen my sister.** (O)

  He said me that he had seen my sister. (X)
  → say 뒤에 ⟨to + 사람⟩이 나오지 않아서 틀린 문장

- **He told me that he had seen my sister.** (O)

  He told that he had seen my sister. (X)
  → tell 뒤에 '듣는 사람'이 나오지 않아서 틀린 문장

'말하다'라는 뜻의 동사로는 say와 tell뿐 아니라 speak도 있는데, 특히 '언어' 앞에는 항상 speak만 쓸 수 있습니다.

- He can say English because he has lived in America. (X)
  He can speak English because he has lived in America. (O)
  그는 미국에 살았기 때문에 영어를 할 줄 안다.

아하~!
그렇구낭

연습문제 8

- 두 개의 보기 중에서 올바른 것을 고르세요.

1. He suggested [me / to me] that we all should attend the meeting.
   그는 나에게 우리 모두 모임에 참석해야 한다고 제안했다.

2. She introduced [them her son / her son to them].
   그녀는 그들에게 아들을 소개했다.

3. The robber confessed his crime [the police / to the police].
   그 강도는 경찰에게 범죄사실을 자백했다.

4. I explained [him my intention / my intention to him].
   나는 그에게 내 의도를 설명했다.

5. We [said / told] her to leave for the station.
   우리는 그녀에게 정거장을 향해 출발하라고 말했다.

6. We know that he [says / speaks] French well.
   우리는 그가 불어를 잘한다는 사실을 알고 있다.

7. He was [said / told] to clean the room.
   그는 방을 치워야 한다고 들었다.

■ 빈칸에 들어갈 적절한 단어를 보기에서 골라 쓰세요. (중복 가능)

보기	say	says	said	tell	tells
	told	speak	speaks	spoke	

1. 우리는 서로의 감정이 어떤지를 알리고 뭔가 말할 필요도 없다. (눈빛만 봐도 서로를 알 수 있다.)

   We don't have to _____ anything to know what each other's feeling is.

2. 가장 가까운 지하철역에 가는 길을 말해주실래요?

   Can you _____ me the way to the nearest subway station?

3. 그는 영어를 말할 때 그는 자주 고개를 흔든다.

   He often shakes his head when he _____ English.

4. 친구들은 내가 공주병이라고 말한다.

   My friends _____ that I have a princess complex.

5. 저에게 본인 소개를 좀 해보시겠어요?

   Would you _____ me a little bit about yourself?

6. 나는 그가 하는 말을 믿을 것이다.

   I'll have faith in what he _____.

7. 의사는 내가 과체중이라고 말했다.

   The doctor _____ me that I was a little overweight.

8. 나는 정말 영어를 유창하게 말하고 싶다.

   I really want to _____ English fluently.

Point 17
provide의 짝꿍은 with

 provide + A with B

provide는 '~에게 ...을 주다, 제공하다'라는 뜻입니다. 그래서 provide는 give처럼 'A에게 B를 주다'를 표현할 때 provide A B처럼 수여동사로 쓸 수 있을 것처럼 보이지만 그렇지 않습니다. 다음은 give와 다르게 〈동사 + A with B〉의 형식으로 쓰는 동사들입니다.

> **provide, supply, furnish, present A with B**
> A에게 B를 제공하다, 공급하다

- He provided the hungry food. (X)

  He provided the hungry with food. (O)
  = He provided food for the hungry. (O)
  그는 가난한 사람들에게 음식을 제공했다.

- They'll be able to furnish you good services. (X)

  They'll be able to furnish you with good services. (O)
  그들은 당신에게 좋은 서비스를 제공해줄 수 있을 것이다.

- His parents presented him literary talent. (X)

  His parents presented him with literary talent. (O)
  = His parents presented literary talent to him. (O)
  그의 부모들은 그에게 문학적 재능을 주었다.

Point 18
confer의 짝꿍은 on

confer + B on A

confer는 '수여하다'라는 뜻으로, 주로 윗사람이 아랫사람에게 뭔가를 주는 상황을 표현할 때 씁니다. 중세시대 기사작위를 수여할 때 왕이 기사의 머리나 어깨 위에 칼을 올리는 장면을 많이 보셨을 것입니다. 그래서 confer나 bestow와 같은 동사들은 'A에게 B를 수여하다'를 표현할 때 confer B on A의 형태로 씁니다.

- The king conferred large privileges to them. (X)

  The king conferred large privileges on them. (O)
  왕은 그들에게 대단한 특권을 하사했다.

- The country bestowed her highest medal to him. (X)

  The country bestowed her highest medal on him. (O)
  국가는 그녀에게 최고의 훈장을 수여했다.

impose는 여러 가지 뜻이 있는데, 특히 '(세금 등을) 부과하다'라는 뜻으로 사용되는 경우가 많습니다. 이 역시 상급 기관이 일반 개인이나 기업에 부과하는 상황이기 때문에 confer나 bestow와 같이 전치사 on을 쓴다고 기억하면 됩니다.

- It will impose a terrific burden to small businesses. (X)

  It will impose a terrific burden on small businesses. (O)
  그것은 중소기업에 엄청난 부담을 지우게 될 것이다.

연습문제 9

■ 빈칸에 들어갈 적절한 전치사를 보기에서 골라 쓰세요. (중복 가능)

| 보기 | to | on | for | with |

1. 우리 학교에서는 점심시간에 급식을 한다.

   Our school provides meals _____ students at lunch time.

2. 그 학교는 학생들에게 책을 무료로 제공한다.

   The school supplies students _____ books for free.

3. 그녀는 한 가지 매우 흥미로운 정보를 나에게 제공했다.

   She provided me _____ a very interesting piece of information.

4. 이 가게는 사람들에게 좋은 애프터서비스를 제공한다.

   This shop provides good after-sales service _____ people.

5. 저희가 다른 모델을 공급해드릴 텐데 그것은 실제로는 같은 것입니다.

   We can supply you _____ another model that's practically the same thing.

■ 빈칸에 적절한 전치사를 쓰세요.

1. I will now confer a good benefit _____ him.
   나는 이제 그에게 좋은 혜택을 제공할 것이다.

2. Our technology will confer a benefit _____ other people.
   우리 기술은 다른 사람들에게도 혜택을 줄 것이다.

3. The I.O.C. president bestowed a gold trophy _____ the victor.
   IOC 조직 위원장은 우승자에게 황금 트로피를 수여했다.

4. Queen Elizabeth even bestowed knighthood _____ him.
   엘리자베스 여왕은 그에게 심지어 기사작위를 하사하기도 했다.

5. The government imposed a duty _____ the exports of iron ore.
   정부는 철광 수철에 관세 의무를 부과했다.

6. He can provide the poor _____ a lot of food.
   그는 가난한 이들에게 많은 식량을 제공해줄 수 있다.

■ 빈칸에 들어갈 적절한 동사를 보기에서 골라 쓰세요.

보기	give provide confer

I will _____ you the best service, and my staff will _____ you with the best food.

to부정사를 '해라'

 다양한 형식의 목적보어

목적어 뒤에 목적어를 보충·설명하는 말이 나오는 문장을 5형식 문장이라고 합니다. 목적어를 보충하는 말을 목적보어라고 하며, 이 목적보어 자리에는 명사, 형용사, to부정사 등 여러 가지가 상황에 맞게 나올 수 있습니다.

- **We** made him a chairman. 우리는 그를 의장으로 만들었다.
  목적어   목적보어

- **His efforts** made him rich. 그의 노력이 그를 부유하게 만들었다.
  목적어 목적보어

 목적보어로 to부정사가 쓰이는 동사

다음은 목적보어 자리에 to부정사가 주로 오는 동사들입니다. to부정사는 주로 '미래적인 상황'을 표현합니다. 예를 들어 'A가 B하도록 허락하다'라는 표현에서 B에 해당하는 것은 '미래적인 상황'이기 때문에 to부정사를 씁니다.

- 강요: force, compel
- 허락: allow, permit
- 촉구/요구: urge, ask, require
- 격려/명령/설득: encourage, order, persuade

- The teacher **encouraged** me <u>to keep</u> studying.
  그 선생님은 내가 계속 공부하도록 격려해주셨다.

- A lot of laborers **required** their boss <u>to give</u> a raise.
  많은 노동자들이 사장에게 월급인상을 요구했다.

Point 20
from 이하를 '하지 마라'

목적보어로 from -ing가 쓰이는 동사

앞에서 'A가 B하게 하다'에 해당하는 동사들은 대부분 목적보어 자리에 to부정사를 쓴다고 이야기했습니다. 예를 들어 '(...하도록) 격려, 허락, 조언, 설득, 강요하다'는 모두 목적보어 자리에 to부정사를 쓰는 동사들이었습니다. 이와 다르게 'A가 B를 하지 못하게 하다'에 해당하는 아래의 동사들은 to부정사가 오지 않고 from -ing 형태가 옵니다.

> **prevent** ~을 막다   **prohibit** ~을 금하다   **keep** ~을 유지하다
> **hinder** ~을 못하게 하다   **deter** ~을 그만두게 하다   **dissuade** ~를 단념시키다

- **We prevented the fire to spread.** (X)

  We prevented the fire from spreading. (O)
  우리는 불이 번지는 것을 막았다.

- **Heavy rain prohibited him to go out.** (X)

  Heavy rain prohibited him from going out. (O)
  폭우가 그들을 밖에 나가지 못하게 했다.

keep이 'A가 계속 B를 하게 하다'의 뜻일 때는 <keep + 명사 + -ing>를 쓰지만, 'A가 B를 하지 못하게 하다'의 의미로 쓰일 때에는 <keep + 명사 + from -ing>를 씁니다.
- He kept me watching TV. 그는 내가 계속 TV를 보게 해주었다.
  He kept me from watching TV. 그는 내가 TV를 보지 못하게 했다.

연습문제 10

- 두 개의 보기 중에서 올바른 것을 고르세요.

    1. It seems very difficult to stop the child [to cry / from crying].
    아이가 울음을 멈추게 하는 것은 매우 어려운 것 같다.

    2. I can persuade him [to help / from helping] us.
    나는 그가 우리를 돕도록 설득할 수 있다.

    3. Bad weather kept us [to go / from going] out.
    나쁜 날씨 때문에 우리는 밖에 나가지 못했다.

    4. I was wrong in allowing my son [to go / from going] climbing.
    내가 아들 녀석을 등산에 보낸 것이 잘못이었다.

    5. He persuaded me [to forgive / from forgiving] her.
    그는 나에게 그녀를 용서하라고 설득했다.

    6. My mom forced me [to study / from studying] more during the vacation.
    엄마는 내가 방학 때 더 공부를 하게 했다.

    7. The doctor advised me [to eat / from eating] more fish and vegetables.
    의사는 나에게 생선과 야채를 더 많이 먹으라고 조언했다.

    8. He ordered his soldiers [to fire / from firing] three times.
    그는 그의 군인들에게 세 번 발포하라고 명령했다.

- 밑줄 친 부분을 바르게 고쳐 쓰세요.

  1. They prevented flu <u>to spread</u>.
     (   )
     그들은 독감이 번지지 않게 했다.

  2. Why didn't someone stop me <u>to drink</u> that so much?
     (   )
     내가 그렇게 많이 술을 마시지 않게 누가 좀 말리지 그랬어요?

  3. My parents always encourages me <u>from doing</u> what I want.
     (   )
     부모님은 항상 내가 원하는 것을 하라고 격려하신다.

  4. He kept me <u>from waiting</u> for more than an hour.
     (   )
     그는 나를 한 시간 이상 기다리게 했다.

  5. Failure did not deter him <u>to try</u> again.
     (   )
     실패는 그가 다시 도전하는 것을 단념시키지 못했다.

  6. I'd advise you not <u>from driving</u> a car by yourself.
     (   )
     저는 당신에게 혼자 운전하지 마시라고 조언합니다.

  7. The rules require employers <u>from providing</u> safety training.
     (   )
     그 규칙은 직원들에게 안전 교육을 해줄 것을 요구한다.

Point 21
원형부정사를 '하게 하다'

make, have, let + 원형부정사

'A가 B하게 하다'를 표현할 때 make, have, let을 쓸 수 있으며 이를 사역동사라고 합니다. 사역동사 뒤에는 to부정사가 아닌 원형부정사를 쓰는데, 원형부정사란 to부정사에서 to를 뺀 동사원형 형태를 말합니다.

- They made us to participate in the game. (X)

  They made us participate in the game. (O)
  그들은 우리를 그 경기에 참가시켰다.

- He had them to wait in the cab. (X)

  He had them wait in the cab. (O)
  그는 그들을 택시 안에서 기다리게 했다.

- His story was sad enough to make her to cry. (X)

  His story was sad enough to make her cry. (O)
  그의 이야기는 그녀를 울게 만들 정도로 슬펐다.

- He let his girlfriend to attend the meeting. (X)

  He let his girlfriend attend the meeting. (O)
  그는 여자 친구를 그 모임에 참석하게 했다.

Point 22

과거분사를 '되게 하다'

 〈사역동사 + p.p〉는 수동

사역동사 뒤의 목적어와 목적보어가 '수동'의 문맥일 때에는 원형부정사 자리에 과거분사(p.p)를 씁니다.

- You had better have the tooth pull out. (X)

  You had better have the tooth pulled out. (O)
  너는 그 치아를 뽑는 게 낫겠다.

- I had my picture to be taken by him. (X)

  I had my picture taken by him. (O)
  나는 그에게 내 사진을 찍게 했다.

- He made his car to be washed by his servant. (X)

  He made his car washed by his servant. (O)
  그는 하인에게 차를 세차시켰다.

동사 let의 경우에는 항상 be p.p를 씁니다. 예를 들어 '자동차를 수리하다'는 '자동차가 수리를 받게 하다'라는 수동의 문맥이 되기 때문에 make나 have 뒤에는 repaired, let 뒤에는 be repaired가 옵니다.
- I'll not let the money touched. (X)
  I'll not let the money be touched. (O)
  나는 그 돈에 아무도 손을 대지 못하게 하겠습니다.

연습문제 11

■ 두 개의 보기 중에서 올바른 것을 고르세요.

1. I made him [write / to write] a letter of apology.
   나는 그가 사과 편지를 쓰게 했다.

2. He let her [use / to use] his dictionary.
   그는 그녀가 그의 사전을 쓰게 했다.

3. I had my house [built / build] by the company.
   나는 내 집의 건설을 그 회사에게 맡겼다.

4. You should make your friends [help / to help] you.
   너는 네 친구들이 너를 돕게 해야 한다.

5. Your new dress makes you [look / to look] beautiful.
   너의 새 드레스가 너를 예뻐 보이게 한다.

6. She made me so [annoy / annoyed].
   그녀는 나를 너무 화나게 만들었다.

7. My mother made me [visit / to visit] my relatives.
   엄마는 내가 친척들을 방문하게 하셨다.

8. He made the package [pick up / picked up].
   그는 그 짐 꾸러미를 들게 했다.

- 보기 중에서 올바른 것을 고르세요.

  1. The teacher had them [close / to close / closed] their books unexpectedly.
  그 교사는 갑자기 그들에게 책을 덮게 했다.

  2. You ought to have your coat [clean / to clean / cleaned].
  너는 코트를 세탁을 맡겨야 한다.

  3. Why don't you let me [carry / to carry / carried] the packages to the station?
  그 짐을 제가 역까지 나르면 어떨까요?

  4. Let me [know / to know / known] as soon as anything comes in.
  무슨 일이 생기면 바로 알려주세요.

  5. Let the car [repair / to repair / repaired / be repaired] by me.
  그 차를 제가 수리하게 해주세요.

  6. The coach had the players [join / to join / joined / be joined] the game.
  그 감독은 그 선수들이 게임에 참가하도록 했다.

Point 23
그가 '가는' 것을 보았어

 〈지각동사 + 원형부정사/현재분사〉는 능동

'~가 ...하는 것을 보다, 듣다, 느끼다' 등의 뜻을 표현할 때에는 동사 see, watch, hear, feel 등을 쓸 수 있으며, 이를 지각동사라고 합니다. 지각동사 뒤에는 to부정사가 아니라 원형부정사 또는 현재분사(-ing)가 쓰입니다.

- I did not see him to leave the room. (X)

  I did not see him leave the room. (O)

  I did not see him leaving the room. (O)
  나는 그가 그 방을 떠나는 것을 보지 못했다.

- I saw the boy to steal her money. (X)

  I saw the boy steal her money. (O)

  I saw the boy stealing her money. (O)
  나는 그 소년이 그녀의 돈을 훔치는 것을 보았다.

- He heard her to sing a song in the room. (X)

  He heard her sing a song in the room. (O)

  He heard her singing a song in the room. (O)
  그는 그녀가 방에서 노래 부르는 것을 들었다.

- I felt a worm to crawl on my back. (X)

  I felt a worm crawl on my back. (O)

  I felt a worm crawling on my back. (O)
  나는 벌레 한 마리가 등에서 기어 다니는 것을 느꼈다.

Point 24
그것이 '도둑맞았다고' 들었어

 〈지각동사 + 과거분사〉는 수동

지각동사 뒤의 목적어와 목적보어가 수동의 문맥을 이루고 있을 때에는 원형부정사가 아니라 과거분사(p.p)가 쓰입니다. 예를 들어 '나는 그 가방이 도난당하는 것을 보았다'라는 문장에서 '가방'과 '도난당하다'는 수동의 문맥이기 때문에 steal이라는 원형부정사가 아니라 stolen의 과거분사를 써야 합니다.

- I saw him punish by his teacher. (X)

  I saw him punished by his teacher. (O)
  나는 그가 선생님한테 체벌을 받는 것을 보았다.

- He saw her give a gift by a strange man. (X)

  He saw her given a gift by a strange man. (O)
  그는 그녀가 어떤 낯선 사람한테 선물을 받는 것을 보았다.

- She heard something break in the house. (X)

  She heard something broken in the house. (O)
  그녀는 집 안에 있는 무언가가 부서지는 소리를 들었다.

- She heard herself call in the hotel lobby. (X)

  She heard herself called in the hotel lobby. (O)
  그녀는 그녀의 이름이 호텔 로비에서 불리는 것을 들었다.

연습문제 12

■ 두 개의 보기 중에서 올바른 것을 고르세요.

1. We saw her [enter / to enter] the hotel.
   우리는 그녀가 호텔에 들어가는 것을 보았다.

2. I saw the suspected man [enter / to enter] the building.
   나는 그 용의자가 그 건물에 들어가는 것을 보았다.

3. I felt my pulse [beat / to beat] quickly.
   나는 내 맥박이 빠르게 뛰는 걸 느꼈다.

4. I could hear someone [playing / to play] the piano upstairs.
   나는 누군가가 위층에서 피아노를 치는 소리를 들을 수 있었다.

5. I watched her [paint / to paint] the wall.
   나는 그녀가 벽에 페인트칠하는 것을 보았습니다.

6. Someone may see her [go out / to go out] yesterday night.
   누군가는 아마 그녀가 어젯밤에 나가는 것을 보았을 것이다.

7. I was watching the crows [fly / to fly] home.
   나는 까마귀들이 집으로 날아가는 것을 보고 있었다.

■ 세 개의 보기 중에서 올바른 것을 고르세요.

1. I've heard some people [speak / to speak / spoken] of my parents.
   나는 어떤 사람들이 내 부모님에 대해 말하는 것을 들었다.

2. I heard him [praise / to praise / praised] by his teachers.
   나는 그가 선생님들에게 칭찬받았다고 들었다.

3. The woman saw a sofa [advertise / to advertise / advertised] in a newspaper.
   그 여자는 소파가 신문에 광고되어 나온 것을 보았다.

4. I heard him [call / to call / called] my name in the crowd.
   나는 군중 속에서 그가 내 이름을 부르는 소리를 들었다.

5. I didn't see any cars [coming / to come / came].
   나는 다가오는 어떤 차도 보지 못했다.

6. We saw him [enter / to enter / entered] the store with his wife.
   우리는 그가 아내와 그 가게로 들어가는 것을 보았다.

목격하기만 하나? 목격당하기도 하지!

지각동사의 수동태는 to부정사와 함께

지각동사와 사역동사 뒤에 to부정사가 쓰이지 않고 원형부정사가 쓰이는 것을 보았습니다. 그러나 지각동사와 사역동사 자체가 수동태로 쓰이면, 오히려 원형부정사가 아니라 to부정사가 쓰입니다.

- 능동: **He saw her go there.** 그는 그녀가 그곳에 가는 것을 보았다.
- 수동: **She was seen to go there.**

to부정사 대신 현재분사도 가능!

to부정사 자리에 현재분사(-ing)도 쓸 수 있는데 이는 지각동사의 목적보어 자리에 원형부정사뿐 아니라 현재분사도 쓰이기 때문입니다.

- 능동: **I heard her walk/walking here.**
  나는 그녀가 이곳으로 걸어오는 소리를 들었다.
- 수동: **She was heard to walk/walking here.**

목적보어 자리에 과거분사를 쓰는 경우에는 지각동사가 수동태로 쓰였다고 해도 그대로 과거분사로 써야 합니다.
- 나는 그녀가 그 때문에 넘어지는 것을 보았어요.
  능동: I saw her felled by him.
  수동: She was seen felled by him.

Point 26
너를 '기다릴 수밖에 없었어'...

 사역동사의 수동태는 〈be made + to부정사〉

사역동사도 능동태일 때에는 원형부정사를 쓰지만 수동태일 때에는 원형부정사가 아니라 to부정사를 씁니다. 사역동사에는 make, have, let이 있는데, 실질적으로 수동태로 쓸 수 있는 것은 make뿐입니다. 따라서 사역동사의 수동태형태는 〈be made + to부정사〉으로 볼 수 있습니다. 이는 주로 '~하게 되다' 또는 '~할 수밖에 없었다' 정도로 해석합니다.

- 능동: **He made me wait for him.**
  내가 그를 기다리게 만들었다.

  수동: **I was made to wait for him.**
  나는 그를 기다릴 수밖에 없었다.

- 능동: **The player made reporters visit him.**
  그 선수는 기자들이 그를 방문하게 했다.

  수동: **The reporters were made to visit him.**
  기자들은 그 선수를 방문하게 되었다.

사역동사 뒤의 목적보어가 과거분사일 때에는 수동태로 쓴다 할지라도 그대로 과거분사를 씁니다. 하지만 be made p.p보다는 get p.p 등을 쓰는 경우가 많습니다.
- 그 작가는 나를 실망하게 만들었다.
  능동: The writer made me disappointed.
  수동: I was made disappointed by the writer.
  → 나는 그 작가에 의해 실망하게 되었다.

연습문제 13

- 두 개의 보기 중에서 올바른 것을 고르세요.

  1. Some police were seen [arrest / to arrest] a group of young people.
  일부 경찰들이 한 무리의 젊은 사람들을 체포하는 것이 목격되었다.

  2. A few children were seen [go out / to go out].
  몇몇 아이들이 밖으로 나가는 게 보였다.

  3. She was heard [speak / to speak] ill of them.
  그녀가 그들을 비난하는 것을 누군가가 듣게 되었다.

  4. He was seen [to practice / practice] a difficult move.
  그가 어려운 동작을 연습하는 것이 보였다.

- 보기 중에서 빈칸에 들어갈 수 <u>없는 것</u>을 고르세요.

  1. 보기   enter   entering   to enter

  Someone was seen _____ the store.
  어떤 사람이 그 가게에 들어가는 것이 목격되었다.

  2. 보기   sing   to sing   singing

  He and I were heard _____ a song by someone.
  그와 내가 노래를 부르는 것을 누군가 들었다.

- 문장의 밑줄 친 부분을 보고 올바른 문장인지 틀린 문장인지 적으세요.

    1. He <u>was made leave</u> for the park. (   )
       그는 그 공원을 향해 떠나야 했다.

    2. Our teacher <u>was let to play</u> soccer with us. (   )
       우리 선생님도 우리와 축구를 하게 되었다.

    3. The actor <u>was had to call</u> the news reporter. (   )
       그 배우는 그 신문기자에게 전화를 해야만 했다.

    4. We <u>have been made to attend</u> the meeting regularly. (   )
       우리는 그 모임에 정기적으로 참석하게 되었다.

    5. The baseball player <u>was made undergo</u> minor surgery. (   )
       그 야구선수는 가벼운 수술을 받아야만 했다.

- 괄호 안의 동사의 올바른 형태를 빈칸에 쓰세요.

    1. She was made _____ her money. (refund)
       그녀는 돈을 환불해야만 했다.

    2. He was made _____ the engine oil changed. (exchange)
       그는 엔진오일을 교환해야만 했다.

    3. He was made _____ by some people. (blame)
       그는 일부 사람들에게 비난을 받게 되었다.

Point 27
help... 너 사역동사랑 좀 닮았다?

 to부정사도 원형부정사도 OK

동사 help는 '~을 돕다'라는 뜻입니다. help가 '~가 ...하는 것을 돕다'라는 의미로 쓰이면 5형식 구조에 해당하는데, 이때 help 뒤에는 to부정사도 쓸 수 있고 원형부정사도 쓸 수 있습니다. 사역동사처럼 원형부정사도 쓸 수 있기 때문에 help를 준사역동사라고 부르기도 합니다.

- I helped him to find the things. (O)

  I helped him find the things. (O)

  I helped him finding the things. (X)
  나는 그가 그 물건들을 찾는 것을 도왔다.

- My friends helped me to go to hospital. (O)

  My friends helped me go to hospital. (O)

  My friends helped me going to hospital. (X)
  내 친구들이 내가 병원에 가는 것을 도와주었다.

help가 '~을 삼가다, 피하다'라는 뜻으로 쓰일 때가 있는데 이때는 help 뒤에 동명사(-ing)를 씁니다. 주로 can not help -ing 구문에서만 주로 쓰이니 숙어처럼 기억하는 게 좋습니다.
- I can not help calling him for apology.
  나는 그에게 사과전화를 하는 것을 피할 수가 없다.
  = 나는 그에게 사과전화를 할 수밖에 없다.

팔방미인 get

get + 형용사/to부정사: ~하게 되다

get 뒤에 형용사나 to부정사가 오면 '~하게 되다'라는 뜻입니다. 이때 get 뒤에 부사는 올 수 없습니다.

- I got <u>dirty</u> because I played outside all day long.
  나는 하루 종일 밖에서 놀아서 지저분하게 되었다.

- I got <u>to understand</u> what he said.
  나는 그가 말했던 것을 이해하게 되었다.

get + 명사: ~을 얻다

get 뒤에 명사의 목적어가 오면 '~을 얻다, 받다'라는 의미로 자주 쓰입니다.

- I got <u>some books</u> which he had read.
  나는 그가 읽었던 책들 몇 권을 얻었다.

- I would like to get <u>the prize</u>.
  나는 그 상을 받고 싶다.

get A to B: A를 B하게 하다

get 뒤에 A to B의 구조가 오면 'A를 B하게 하다'라는 뜻이며, 사역동사와 의미는 비슷하지만 원형부정사가 아니라 to부정사를 씁니다.

- He got <u>me to repair</u> the car.
  그는 내가 그 차를 수리하게 했다.

- She got <u>her husband to visit</u> her mother.
  그녀는 남편을 엄마한테 방문하게 했다.

연습문제 14

■ 두 개의 보기 중에서 올바른 것을 고르세요.

1. This doesn't help you [to promote / promoting] your health.
   이것은 당신의 건강을 좋게 하는 데 도움이 되지는 않습니다.

2. My family and friends helped me [get over / getting over] it.
   내 가족들과 친구들은 내가 그것을 극복하도록 도와주었다.

3. I asked all my friends and acquaintances [to help / helping] me find a job.
   나는 내가 아는 모든 사람에게 일자리를 찾는 것을 도와달라고 요청했다.

4. If you just eat and don't get any exercise, you can't help [put / putting] on weight.
   먹기만 하고 운동은 하지 않으면 체중은 늘 수밖에 없다.

5. This whisky will help you [forget / forgetting] your worries.
   이 위스키는 너의 걱정들을 잊는 데 도움이 될 것이다.

- 보기 중에서 올바른 것을 고르세요.

    1. When I saw his new haircut, I couldn't help [laugh / laughing].
       나는 그의 깎은 머리를 보고 웃지 않을 수가 없었다.

    2. We cannot help [tell / telling] a lie from time to time
       우리는 가끔씩 거짓말을 안 할 수가 없다.

    3. I couldn't help [cry / crying] to hear the miserable news.
       나는 그 참혹한 소식을 듣고 울지 않을 수가 없었다.

    4. I got the pitcher [throw / throwing / to throw] faster balls.
       나는 그 투수에게 더 빠른 공을 던지게 했다.

    5. The boss got my girlfriend [find / finding / to find] another job.
       그 사장은 내 여자 친구에게 다른 일을 찾아보게 했다.

    6. The policeman got me [stop / to stop / stopping] my car.
       그 경찰은 내가 차를 멈추게 했다.

    7. The player got me [bring / to bring / bringing] a bottle of water.
       그 선수는 나에게 물을 가져오게 했다.

Point 29
목적보어는 형용사? 부사?

부사는 목적보어가 될 수 없다!

5형식 문형에서 목적어 뒤에 오는 목적어의 보충어를 '목적보어'라고 했었는데, 목적보어 자리에 부사는 쓸 수 없고 형용사는 쓸 수 있습니다. 왜냐하면 목적어는 주로 명사, 대명사인데 명사와 대명사를 수식하는 것은 부사가 아니라 형용사이기 때문입니다.

- I found the problem easily. (X)

  I found <u>the problem</u> <u>easy</u>. (O)
              목적어(명사) 목적보어(형용사)

  나는 그 문제가 쉽다는 것을 알았다.

  ➡ 이 문장에서 '쉬운'은 목적어인 '그 문제'에 대한 보충 설명이기 때문에 부사가 아니라 형용사를 씁니다.

- I imagined myself famously. (X)

  I imagined <u>myself</u> <u>famous</u>. (O)
               목적어(명사) 목적보어(형용사)

  나는 내가 유명해진 것을 상상했다.

  ➡ '유명해진'은 목적어인 myself의 목적보어이기 때문에 부사가 아니라 형용사를 씁니다.

- I made all the products equal.
  나는 모든 제품들을 똑같이 만들었다.
- I made all the products equally.
  나는 모든 제품들을 동일하게 만들었다.

위 문장은 부사인 equally가 쓰였습니다. 부사는 동사를 수식하기 때문에 '제품들이 동일한'이 아니라 '동일한 방식으로 만들었다'라는 의미가 됩니다.

목적어가 가짜? 가목적어

 가목적어 it을 사용하여 문장을 간단하게

목적어가 to부정사나 〈that S + V〉인 경우 이를 〈목적어 + 목적보어〉의 어순으로 쓴다면 다음과 같이 문장이 매우 복잡해집니다.

- **He found to solve the problem difficult.**
  그는 그 문제를 푸는 것이 어렵다는 것을 알았다.
- **I made that they solve the problem difficult.**
  나는 그들이 그 문제를 푸는 것을 어렵게 만들어버렸다.

따라서 목적어가 to부정사나 that절인 경우에는 목적보어인 형용사를 오히려 앞에다 쓰는데, 이때에는 목적어가 뒤로 이동했음을 알려주기 위해 it을 씁니다. 이 it을 '가목적어', to부정사나 that절을 '진목적어'라고 합니다.

- **He found it difficult to solve the problem.**
- **I made it difficult that they solve the problem.**
  ➔ 이때 가목적어 it은 별도로 해석하지 않습니다.

- **She thought it easy to read throughout the novel.**
  그녀는 그 소설 전체를 읽는 것이 쉽다고 생각했다.
- **I found it difficult that we must study for a long time.**
  나는 우리가 영어를 오랫동안 공부해야 하는 것이 힘든 일이라는 것을 알게 되었다.

연습문제 15

- 두 개의 보기 중에서 올바른 것을 고르세요.

    1. The big fire made many people [homeless / homelessly].
    대 화재로 많은 사람들이 집을 잃었다.

    2. I made my coffee [sweet / sweetly].
    나는 커피를 달게 탔다.

    3. I thought the story very [real / really].
    나는 그 이야기가 매우 현실적이라고 생각했다.

    4. I think the company [hopeless / hopelessly].
    나는 그 회사는 희망이 없다고 생각한다.

- 우리말을 영어로 적절하게 표현한 문장을 고르세요.

    1. 법은 모든 인간을 평등하게 만든다.
        ① The law makes all men equal.
        ② The law makes all men equally.

    2. 나는 그 책을 진지하게 썼다.
        ① I wrote the book serious.
        ② I wrote the book seriously.

    3. 나는 그녀의 웃음이 매우 천박하다고 생각했다.
        ① I thought her laugh crude.
        ② I thought her laugh crudely.

■ 우리말을 영어로 적절하게 표현한 문장을 고르세요.

1. 나는 그 문제에 대해 아무 말도 하지 않는 것이 가장 좋다고 생각한다.
   ① I think best to say nothing about the problem.
   ② I think to say nothing about the problem best.
   ③ I think it best to say nothing about the problem.

2. 징집으로 보다 많은 군대를 전투에 투입시킬 수 있었다.
   ① Conscription made possible to field bigger armies.
   ② Conscription made to field bigger armies possible.
   ③ Conscription made it possible to field bigger armies.

■ 제시어를 빈칸에 배열해서 문장을 완성하세요.

1. 그 문제는 네가 최선을 다하는 것조차 어렵게 만들 거야. [difficult, it, make]
   The problem will _____ for you to do your best.

2. 나는 그 상자를 여는 것이 불가능하다는 것을 알았다. [it, found, impossible]
   I _____ to open the box.

시제

영어에 있어서 시제는 시간적 관계를 나타내는 동사의 변화를 말합니다. 학자들에 따라 영어의 시제는 12시제로 구분을 하거나 또는 2시제로 구분을 하기도 하는데 그동안 한국 영어 학습 분야에서는 12시제론을 오랫동안 사용해왔습니다. 그래서 이번 챕터에서는 12시제론에 대해서 이해하고, 시제에 따른 시간의 부사(구)에 대해 학습하겠습니다. 또한 12시제의 경우 설명이 불가능한 예외적인 사항들에 대해서도 살펴보겠습니다.

Chapter 3

일한다? 일하고 있다?

 지속적 – 현재 / 일시적 – 현재진행

현재시제와 현재진행시제는 모두 '~하고 있다, ~하다'라고 해석되지만 현재시제는 '요즈음'의 의미를 포함해서 주로 '지속적' 상황이나 동작을 표현할 때 씁니다. 반면에 현재진행시제는 ⟨be동사 + -ing⟩ 형태로 쓰며 이는 '일시적' 동작이나 상황에 씁니다. 예를 들어서 '나는 (요즈음) 운동을 한다.'라고 하면 현재시제, '나는 (지금) 운동을 한다.'라고 하면 현재진행시제를 써야 합니다.

현재시제	현재진행시제
They eat out on Sundays. 그들은 일요일마다 외식을 한다.	They are eating out now. 그들은 지금 외식 중이다.
I live in Seoul. 나는 서울에 산다.	I am living in Seoul. 나는 (일시적으로) 서울에 살고 있다.
He works in the library. 그는 도서관 직원이다.	He is working in the library. (일시적으로) 도서관에서 일하고 있다.

현재시제가 '지속적' 상황에 쓰이다 보니, 일반적 사실이나 진리, 습관과 같이 변하지 않는 상황에는 모두 현재시제를 씁니다.
- Water consists of hydrogen and oxygen.
 물은 수소와 산소로 구성되어 있다.
- Summer follows spring.
 봄이 지나면 여름이 온다.

Point 32
가지고 있지만 having은 안 돼요

 현재진행시제를 쓸 수 없는 동사의 예

다음은 모두 '동작'이 아니라 '상태'를 표현하는 동사들입니다. 이러한 상태를 표현하는 동사들은 일반적으로 현재진행시제로 쓰지 못하는데, 그 이유는 다음에 오는 대부분의 동사들이 일시적 상황 표현보다는 지속적 상황 표현에 해당하기 때문입니다.

감정	love, hate, fear, dislike, prefer
인식	agree, know, believe, remember
소유	have, own, possess, belong to
기타	be, resemble, consist

- I am believing what he says. (X)

  I believe what he says. (O)
  나는 그가 말하는 것을 믿는다.

- She is possessing great charm. (X)

  She possesses great charm. (O)
  그녀는 엄청난 매력을 가진 것 같아.

단, have와 같은 경우 '가지다'가 아닌 '먹다' 등의 뜻으로 쓰이면 '동작동사'에 해당하기 때문에 현재진행시제를 쓸 수 있습니다.
- We are having our breakfast. (O)
  → 우리는 아침을 먹고 있다. [먹다]

연습문제 16

■ 괄호 안의 동사의 올바른 형태를 빈칸에 쓰세요.

1. She _____ to the radio every night. (listen)
   그녀는 매일 밤마다 라디오를 듣는다.

2. He _____ a lot of books every month. (buy)
   그는 매달 책을 많이 산다.

3. Water _____ at 0℃. (freeze)
   물은 0도에서 언다.

4. My friend _____ English at a primary school. (teach)
   내 친구는 초등학교 영어 교사이다.

5. I _____ the dishes. (wash)
   나는 지금 설거지를 하고 있다.

6. They often _____ a baseball game. (watch)
   그들은 야구 경기를 자주 본다.

7. My brother _____ his homework now. (do)
   내 동생은 지금 숙제를 하고 있다.

8. She _____ in America now. (live)
   그녀는 지금 임시로 미국에서 살고 있다.

9. They always _____ for the World Cup Game. (wait)
   사람들은 항상 월드컵이 돌아오기를 기다린다.

10. He _____ with his friend. (talk)
    그는 지금 친구와 이야기하는 중이다.

■ 다음 밑줄 친 부분의 시제를 바르게 고쳐 쓰세요.

1. The World Cup <u>is being</u> held every four years. (   )
   월드컵은 4년마다 개최된다.

2. Many people <u>wait for</u> you in the waiting room right now. (   )
   지금 많은 사람들이 대기실에서 너를 기다리고 있어.

3. It <u>is taking</u> 3 hours to get there. (   )
   그곳에 도착하는 데 3시간이 걸린다.

4. The teacher <u>watches</u> the children drawing pictures. (   )
   선생님은 아이들이 그림 그리는 것을 보고 있다.

5. He <u>is always helping</u> me whenever I need. (   )
   그는 항상 내가 필요하면 나를 도와준다.

■ 다음 문장 중에서 현재진행시제로 쓸 수 없는 것을 고르세요.

1. I am having the food that she made for me.
   나는 그녀가 만들어준 음식을 먹고 있다.

2. He is having three cars.
   그는 차를 세 대나 가지고 있어요.

3. I am having a hard time in studying for the test.
   나는 시험 공부하느라 좀 힘든 시간을 보내고 있어.

4. I am having a lot of courage.
   저는 용기가 많아요.

Point 33
일했다? 일해왔다?

시점 - 과거 / 지속 - 현재완료

과거시제는 과거의 한 시점이나 과거의 기간 중에 발생한 일을 표현할 때 씁니다. 반면에 현재완료는 have p.p 형태인데, 과거부터 현재까지 지속된 동작이나 상황을 표현할 때 씁니다.

- **He got a good grade last semester.** [과거]
  그는 그녀가 그곳에 가는 것을 보았다.

- **He has got a good grade since last semester.** [현재완료]
  그는 지난 학기 이후로 좋은 성적을 받았다.

- **He lived in New York 3 years ago.** [과거]
  그는 3년 전에는 뉴욕에 살았었다.

- **He has lived in New York since 3 years ago.** [현재완료]
  그는 3년 전부터 뉴욕에 살고 있다.

'역사적 사실' 또는 '과거의 인물, 상황'에 대한 묘사는 항상 과거시제를 써야 합니다.

- World War II broke out in 1939.
  제2차 세계대전은 1939년에 발발했다.

- The Athens Olympics were held in 2004.
  아테네 올림픽은 2004년에 열렸다.

- Edison invented light bulb at the first setout.
  에디슨이 최초로 전구를 발명했다.

현재완료시제의 여러 가지 의미

현재완료의 의미 1: 계속

현재완료시제는 지금까지라는 의미를 포함하기 때문에 다음과 같이 해석되는 경우가 많습니다.

- He has studied English for the last 3 years.
  그는 지난 3년 동안 (계속) 영어를 공부했다.
- I have done my homework for 5 hours.
  나는 5시간째 (계속) 숙제를 하고 있다.

현재완료의 의미 2: 경험

이러한 현재완료시제는 '(지금까지 계속) 해왔다'의 의미뿐 아니라 (지금까지) 해본 적 있다라는 경험을 의미할 수도 있습니다.

- I have ever met her about 5 times.
  나는 대략 5번 그녀를 만나본 적이 있다.
- He has been there to buy something.
  그는 무엇인가를 사기 위해 그곳에 가본 적이 있었다.

현재완료의 의미 3: 완료, 결과

현재완료의 have p.p 중간에 just나 already 등이 있으면 이는 주로 완료의 의미를 가지는데, 이는 과거부터 지속된 것이 현재 상태에서는 완료되었음을 알려줍니다.

- I have just finished the work.
  저는 방금 막 그 일을 끝냈어요.
- He has already bought the car.
  그는 벌써 그 차를 사버렸습니다.

연습문제 17

- 괄호 안의 동사를 시제에 맞게 빈칸에 쓰세요.

1. He _____ to the hospital 3 days ago. (go)
   그는 3일 전에 그 병원에 갔었다.

2. I _____ to work yesterday. (walk)
   나는 어제 직장에 그냥 걸어갔었다.

3. Mark Twain _____ The Adventures of Tom Sawyer. (write)
   Mark Twain이 톰 소여의 모험을 쓴 작가이다.

4. She _____ in London for three months. (stay)
   그녀는 3달째 런던에서 살고 있다.

5. The man _____ sea before. (see)
   그 남자는 전에 바다를 본 적이 한 번 있었다.

6. I _____ the movie three times up to now. (see)
   나는 그 영화를 지금까지 3번이나 봤다.

7. The singer _____ Korea in 2003. (leave)
   그 가수는 2003년에 한국을 떠났다.

8. I _____ her for ten years. (meet)
   나는 10년 동안 그녀와 만나고 있다.

■ 두 개의 보기 중에서 올바른 것을 고르세요.

1. Since then, I [studied / have studied] Spanish.
   그때 이후로, 나는 스페인어를 공부하고 있다.

2. Bosnian Serb forces [occupied / have occupied] the city for 8 months.
   보스니아 세르비아 군대가 이 도시를 8개월 동안 점령하고 있다.

3. I [have just seen / have already seen] that movie.
   나는 그 영화를 이미 봤다.

4. I [watched / have watched] TV since 2:00.
   나는 2시부터 계속 TV만 보고 있다.

5. I [did not play / have never played] golf.
   나는 골프를 쳐본 적도 없다.

6. She [started / has started] from New York on the morning of March 30.
   그녀는 3월 30일 아침에 뉴욕을 출발했다.

7. I [got / have got] 97 on th examination in English yesterday.
   나는 어제 영어시험에서 97점을 받았다.

8. After I finished the work, I [went / have gone] out to play.
   그 일을 마친 후 나는 놀러 나갔다.

85

Point 35
'지난주에' 영어를 '공부했지'

 과거시제와 함께 쓰이는 시간 표현

다음의 표현들은 '과거의 한 시점이나 기간'을 표현하기 때문에 현재완료 시제와 쓰지 못하고 과거시제와 쓰이는 것들입니다.

yesterday 어제	last week 지난주에	last year 작년에
in + 년도	then 그때에	3 days ago 3일 전에
3 years ago 3년 전에	in those days 그 당시에	in the past 과거에

- She has worked here in 2003. (X)

  She worked here in 2003. (O)
  그녀는 2003년에 이곳에서 일했다.

- He has been revived by physical therapy 3 years ago. (X)

  He was revived by physical therapy 3 years ago. (O)
  그는 3년 전에 물리치료로 다시 살게 되었다.

- I have gone to the concert hall with her last week. (X)

  I went to the concert hall with her last week. (O)
  나는 지난주에 그녀와 콘서트장에 갔었다.

'3년 동안' 영어를 '공부해왔지'

 현재완료시제와 함께 쓰이는 시간 표현

다음은 '과거부터 지금까지' 또는 '지금까지 ~ 동안'이라는 의미를 표현하는 것들이기 때문에 과거시제와 쓰이지 못하고 현재완료시제와 주로 쓰이는 표현들입니다.

지금까지	so far, up to now, up to the present
(과거) 이후	since then 그때 이후로 since 3 years ago 3년 전 이후로 since I met her 내가 그녀를 만난 이후로
(지난) ~동안	for the last 3 years 지난 3년 동안 over the last 5 months 지난 5개월에 걸쳐서

- He wrote a novel so far. (X)

  He has written a novel so far. (O)
  그는 지금까지 소설 한 편을 써왔다.

- I saw a lot of movies since 3 years ago. (X)

  I have seen a lot of movies since 3 years ago. (O)
  나는 3년 전부터 지금까지 많은 영화를 보았다.

- I kept all her letters for the last 3 years. (X)

  I have kept all her letters for the last 3 years. (O)
  나는 지난 3년 동안 그녀의 편지를 계속 간직해왔다.

연습문제 18

- 다음 밑줄 친 부분의 시제가 맞으면 O, 틀리면 X로 표시하세요.

1. The gardener <u>has served</u> the family since he was young. (   )

2. She <u>has been taking</u> music lessons for the last five years. (   )

3. I <u>have seen</u> them three weeks ago. (   )

4. I <u>have been</u> here since six o'clock. (   )

5. The boy <u>has been</u> ill for the last three years. (   )

6. Three years <u>have passed</u> since the poet died. (   )

7. My grandfather <u>has died</u> two years ago. (   )

8. I <u>have met</u> her last year. (   )

9. I <u>knew</u> him well since he was a child. (   )

10. She <u>has been</u> in hospital up to now. (   )

11. Yesterday I <u>have met</u> a friend of mine. (   )

12. He <u>succeeded</u> in stopping to smoke a month ago. (   )

13. Peter <u>saw</u> your parents last week, but he hasn't since. (   )

14. Ten years <u>have passed</u> since I saw you last. (   )

15. I <u>stayed</u> in Seoul during vacation for the last 3 months. (   )

■ 두 개의 보기 중에서 올바른 것을 고르세요.

1. Jenny [went / has gone] to New York on business last week.

2. Alice [bought / has bought] some stationery yesterday.

3. Seven horses [were / have been] killed for the last 3 days.

4. He [was / has been] taken ill from overwork since 3 weeks ago.

5. I [objected / have objected] to her sending home up to now.

6. In 1955, a vaccine against polio [was / has been] successfully developed.

7. The new treatment [was / has been] pioneered in the early eighties.

8. I [was / have been] gloomy since this morning.

9. The treaty [was / has been] signed only 20 years ago.

10. I [did / have done] the work since I was young.

11. He [was / has been] outstanding in athletics in the past.

12. I [didn't speak / haven't spoken] to her for the last three months.

13. We [lived / have lived] in the country since the war.

14. The teacher [apologized / has apologized] to the class for his mistake yesterday.

과거보다 더 과거면 과거완료를!

대과거는? 과거보다 더 과거!

한 문장에 과거시제가 두 번 나오는 경우는 매우 많습니다. 예를 들어 '나는 3년 전에 구매한 차를 작년에 팔았다.'라고 말을 한다면 '구매한'과 '팔았다' 모두 과거시제가 됩니다. 이렇게 한 문장에 두 개의 과거시제가 쓰일 때, 이 두 개의 과거시제 중 먼저 발생한 쪽은 과거완료시제(had p.p)를 사용하여 표현합니다. 이때 먼저 발생한 과거를 '대과거'라고 부르기도 합니다.

- I <u>lost</u> the ball that she <u>had bought</u> as a present.
     과거   대과거
  나는 그 공을 잃어버렸다 / 그녀가 선물로 사주었던

이 문장에서 '선물로 사준'이 '잃어버렸다'보다 먼저 발생한 것임을 알 수 있습니다. 따라서 bought를 쓰지 못하고 과거완료시제인 had bought를 써야 합니다.

- I knew that he wrote a novel.
     과거   과거   (동시 발생)
  나는 그가 소설을 쓰고 있다는 것을 알았다.

  I knew that he had read a novel.
     과거   과거완료   (먼저 발생)
  나는 그가 소설을 썼다는 것을 알았다.

  위의 문장처럼 과거와 과거가 같이 있는 경우에는 '동시 발생', 밑의 문장처럼 과거와 과거완료가 쓰인 경우는 과거완료가 '먼저 발생'했음을 알 수 있습니다.

 Point 38

언제 과거완료를 쓰지?

 과거완료를 알리는 시간 표현

과거완료시제는 '먼저 발생한 과거' 즉 '대과거'를 표현한다고 했습니다. 따라서 before(~ 전에)나 by the time(~까지) 뒤에 과거시제가 오면 주절에는 과거완료시제가 쓰이는 것이 일반적입니다.

- I <u>had used</u> the car for ten years before it <u>broke</u> down.
  　　대과거　　　　　　　　　　　　　　　 과거

  자동차가 <u>고장 나기 전에</u> 나는 10년 동안 그 차를 <u>써왔다</u>.
  　　　　　과거　　　　　　　　　　　　　　대과거

- Picasso <u>had painted</u> many paintings before he <u>died</u> in 1973.
  　　　　　대과거　　　　　　　　　　　　　　　 과거

  피카소는 그가 1973년에 <u>죽기 전</u> 많은 그림들을 <u>그렸다</u>.
  　　　　　　　　　과거　　　　　　　　　　대과거

- I <u>had known</u> her for many years before she <u>became</u> a nurse.
  　　대과거　　　　　　　　　　　　　　　　 과거

  나는 그녀가 간호사가 <u>되기 전에</u> 수 년 동안 그녀와 알고 <u>지냈다</u>.
  　　　　　　　　　과거　　　　　　　　　　　　대과거

- I <u>had helped</u> her by the time she <u>quit</u> my company.
  　　대과거　　　　　　　　　　　　　　 과거

  나는 그녀가 회사를 <u>떠날 때까지</u> 그녀를 <u>도와주었다</u>.
  　　　　　　　　　과거　　　　　　　　대과거

연습문제 19

- 두 개의 보기 중에서 우리말에 맞는 영어 표현을 고르세요.

1. 내가 극장에 갔을 때 그 영화는 이미 시작해버렸다.
   When I got to the theater, the movie [began / had begun].

2. 그는 우리와 그 영화를 보러 가지 않았다. 왜냐하면 그는 이미 두 번이나 보았기 때문이다.
   He didn't go to the movies with us because he [already saw / had already seen] the film twice.

3. 내가 가게에 들어갔을 때 지갑을 잃어버렸다는 것을 알았다.
   When I entered the shop, I found that I [lost / had lost] my purse.

4. 나는 그 여자를 즉시 알아봤다. 그전에 그녀를 만났었기 때문이다.
   I knew the lady at once, for I [saw / had seen] her before.

5. 종이 울렸을 때 학생들은 이미 교실을 떠나고 없었다.
   When the bell rang, the students [already left / had already left] the class.

6. 나는 비가 내리기 전에 학교에 도착했다.
   I [reached / had reached] the school before the rain started.

7. 그는 파티가 시작할 때까지 일을 끝냈다.
   He [finished / had finished] his task by the time the party began.

■ 두 개의 보기 중에서 올바른 것을 고르세요.

1. By the time I reached the bank, the door [was closed / had been closed].
   내가 은행에 도착했을 때 문은 이미 닫혀 있었다.

2. By the time she was 30, she [worked / had worked] as a teacher.
   서른 살이 될 때까지 그녀는 교사로 일했다.

3. He [studied / had studied] English for three years before he came to the United States.
   그는 미국에 오기 전에 3년 동안 영어를 공부했다.

4. John claimed that he [was cheated / had been cheated] before.
   John은 그가 전에 사기를 당했다고 주장했다.

5. I knew she [worked / had worked] in an insurance company for a year.
   나는 그녀가 1년 동안 보험회사에서 열심히 일했다는 것을 알았다.

6. The food [already became / had already become] cold by the time we had it.
   우리가 먹을 때 그 음식은 이미 차가워져버렸다.

7. The streets were still wet, for it [was / had been] raining.
   거리가 아직 젖어 있는데, 비가 왔었기 때문이다.

ago vs before

기간 + ago: 과거 / 기간 + before: 과거완료

3 years ago는 '3년 전 (그날)'이라는 뜻이기 때문에 과거시제와 쓰지만 3 years before는 '(지금으로부터) 3년 그 이전에'이라는 뜻으로 '과거보다 더 이전'을 표현하기 때문에 과거완료시제와 씁니다. 즉 〈기간 + ago〉는 과거시제, 〈기간 + before〉는 과거완료시제와 씁니다.

- She met him a week ago.
  She had met him a week before.
- I had my hair cut 2 months ago.
  I had had my hair cut 2 months before.

before가 단독으로 쓰일 때

before 앞에 기간의 표현이 붙지 않고 before를 단독으로 쓰면 '이전에'라는 뜻이기 때문에 과거, 현재완료, 과거완료 모두 상황에 맞춰 쓸 수 있습니다.

- I went to his office before.
  나는 전에 그의 사무실에 갔다.
- I have gone to his office before.
  나는 전에 그의 사무실에 가본 적이 있다.
- I told her that I had gone to his office before.
  나는 전에 그의 사무실에 갔었다고 그녀에게 말했다.

no sooner A than B

no sooner + 과거완료 + than + 과거

'A하자마자 B했다'를 표현할 때 no sooner A than B 구문을 주로 씁니다. 이때 A가 B보다 먼저 발생한 것이기 때문에 A는 과거완료, B는 과거시제로 표현합니다.

- I had no sooner bought the bicycle than I lost it.
  그 자전거를 사자마자 나는 그것을 잃어버렸다.

- He had no sooner got the phone call than he went home.
  그는 전화를 받자마자 집에 갔다.

- She had no sooner said it than she realized her mistake.
  그녀는 말을 하자 곧 실수임을 깨달았다.

no sooner 구문의 도치

이때 no sooner가 문장의 가장 앞(문두)에 오면 바로 뒤의 주어와 동사는 도치(자리바꿈)됩니다.

- No sooner had I bought the bicycle than I lost it.
- No sooner had he got the phone call than he went home.
- No sooner had she said it than she realized her mistake.

연습문제 20

- 두 개의 보기 중에서 올바른 것을 고르세요.

  1. Our old house [was sold / had been sold] through an estate agent 3 days ago.
  2. What he [said / had said] 2 weeks before did not convince us.
  3. I [felt / had felt] exhausted after a long walk 4 days ago.
  4. I [was spoken / had been spoken] to by a foreigner on the train a few months before.
  5. 4 days ago, the audience [were / had been] all made to cry by her talk.

- 괄호 안의 동사를 시제에 맞게 빈칸에 쓰세요.

  1. He _____ the book before he took the exam. (read)
     그는 시험을 치르기 전에 그 책을 다 읽었다.

  2. The house _____ before we moved in. (be painted)
     우리가 입주하기 전에 그 집은 페인트칠이 되었다.

  3. The bus _____ just before I reached the bus stop. (start)
     버스는 내가 막 정류장에 도착하기 직전에 출발했다.

  4. He _____ too much 2 days before. (drink)
     그는 2일 이전에 너무 커피를 많이 마셨다.

  5. I _____ her a few years before. (meet)
     나는 몇 년 전 그녀를 만났었다.

- 다음 우리말에 맞게 동사를 변형하여 빈칸을 채우세요.

  1. 그가 커피를 마시자마자 그는 졸리기 시작했다.
     He _____ the coffee than he began to feel drowsy. (drink)

  2. 시합을 시작하자마자 곧 비가 내리기 시작했다.
     The game _____ than it began to rain. (start)

  3. 어머니를 보자마자 곧 그녀는 울음을 터뜨렸다.
     She _____ her mother than she burst into tears. (see)

  4. 그녀는 집에 오자마자 곧 잠에 들었다.
     She _____ home than she went to sleep. (come)

  5. 그 말을 듣자마자 곧 그녀는 얼굴이 창백해졌다.
     She _____ the word than she turned pale. (hear)

- 다음 문장의 no sooner를 문두로 옮겨서 문장을 바꿔 쓰세요.

  1. I had no sooner left home than it began to rain.
     내가 집을 떠나자마자 비가 오기 시작했다.

     _____

  2. The movie had no sooner begun than the audience sat down.
     영화가 시작되자마자 관중들은 자리에 앉았다.

     _____

Point 41
미래와 미래완료는 상황이 달라요

 현재나 과거를 포함하는 미래완료

미래시제는 주로 〈will + 동사원형〉으로 표현하며 미래완료시제는 will have p.p로 표현합니다. 둘 다 '~할 것이다'라는 뜻이지만, 미래시제는 현재와 과거를 포함하지 않으며, 미래완료시제는 현재나 과거를 포함합니다. 즉, 지금 하고 있는 것을 미래까지 이어서 하는 상황에서는 미래완료시제를 써야 합니다.

- I will study for the test tomorrow. [미래]
  나는 내일 시험공부를 할 것이다.

- I will have studied for the test by tomorrow. [미래완료]
  나는 (지금 하고 있는) 시험공부를 내일까지 할 것이다.

- He will take his driving test three times next year. [미래]
  그는 내년에 운전면허 시험을 세 번 치를 것이다.

- He will have taken his driving test three times if he tries again. [미래완료] (현재까지 2번의 시험을 치름)
  그가 운전면허 시험을 다시 치르면 세 번째 치르는 것이다.

- She will teach in that school for twenty years. [미래]
  그녀는 저 학교에서 20년간 가르치게 될 것이다.

- She will have taught in that school for twenty years by next month. [미래완료]
  다음 달이면 그녀는 20년간을 저 학교에서 교단생활을 하게 되는 것이다.

Point 42
미래완료와 가장 친한 짝꿍 by the time

미래완료시제와 함께 쓰이는 by the time

by the time은 '~할 때까지'라는 뜻으로, 이는 '지금 하고 있는 것이 언제까지 계속하는가'를 표현할 때 쓰는 접속사입니다. 따라서 by the time 다음에 미래 내용이 오면 주절에는 대부분 미래완료시제가 오게 됩니다.

- I will write the letter by the time I have dinner. (X)

  I will have written the letter by the time I have dinner. (O)
  나는 저녁 먹을 때까지 편지를 쓸 것이다.

- I will read through the books by the time I attend the meeting. (X)

  I will have read through the books by the time I attend the meeting. (O)
  나는 모임에 참석할 때까지 그 책들을 다 읽을 것이다.

- He will go out by the time you go there. (X)

  He will have gone out by the time you go there. (O)
  네가 그곳에 갈 때면 그는 나가고 없을 것이다.

- He will arrive in Paris by the time morning comes. (X)

  He will have arrived in Paris by the time morning comes. (O)
  아침이 오면 그는 파리에 도착하게 될 것이다.

연습문제 21

- 두 개의 보기 중에서 우리말에 맞는 영어 표현을 고르세요.

1. 그는 파티가 시작될 때까지는 그의 과제를 마치게 될 것이다.

   He [will finish / will have finished] his task by the time the party begins.

2. 2020년이 되면 우리 도시 인구는 두 배가 될 것이다.

   By the year 2020, the population of our city [will double / will have doubled].

3. 나는 네가 부를 때까지는 집에 올 것 같다.

   I [will come / will have come] home by the time you call me.

4. 내일이면 그는 2주 동안 입원한 셈이 될 것이다.

   He [will be / will have been] in hospital for two weeks by tomorrow.

5. 내가 다음 달에 퇴직하면 나는 10년간 영어를 가르친 셈이 된다.

   When I retire next month, I [will teach / will have taught] English for ten years.

6. 나의 도서카드는 10월에 효력이 끝날 것이다.

   My library card [will cease / will have ceased] to be effective in October.

- 두 개의 보기 중에서 올바른 것을 고르세요.

  1. I [will call / will have called] you as soon as I arrive.
     도착하는 대로 전화하겠습니다.

  2. I [will sleep / will have been sleeping] for two hours by the time she comes home.
     그녀가 올 때까지 나는 2시간 동안 계속 자고 있을 것이다.

  3. The President [will make / will have made] a speech tomorrow.
     대통령은 내일 연설을 할 예정이다.

  4. He [will live / will have lived] there by the time I go there.
     그는 내가 그곳에 갈 때까지 그곳에서 살 것이다.

  5. You [will recognize / will have recognized] her when you see her.
     너는 그녀를 보면 그녀를 알아보게 될 것이다.

  6. I [will have / will have had] him deliver the package tomorrow.
     내가 내일 그에게 소포를 배달시킬 것이다.

  7. He [will eat / will have eaten] all foods by the time the movie finishes.
     그는 영화가 끝날 때까지 음식을 다 먹을 것이다.

  8. If the team scores two more points, the team [will score / will have scored] then points in total.
     만일 그 팀이 2점만 더 내면, 총 10점이 되는 것이다.

Point 43
현재가 미래일 '때'?

 시간부사절은 현재시제로 미래를 표현한다

'그가 전화하기 전에는 나는 밖에 나가지 않을 것이다.'라는 의미를 표현할 때 '그가 전화하기' 그리고 '나가지 않을 것이다'는 둘 다 현재가 아니라 미래 상황입니다. 그래서 이것을 누구나 다음과 같은 문장으로 쓰기 쉽습니다.

- **Before he will call me, I will not go out.** (X)

하지만, '나가지 않을 것이다'라는 문맥을 통해 이미 '그가 전화하기 전에'는 어차피 미래 상황임을 쉽게 알 수 있습니다. 따라서 이때는 will call이 아니라 현재시제인 calls를 씁니다. 이러한 것을 '시간의 부사절'이라고 하며 현재시제만 써도 미래시제를 표현하는 상황입니다.

- **When the man will come, we will see him.** (X)

  When the man comes, we will see him. (O)
  그가 올 때 우리는 그를 만날 것입니다.

- **We will wait until he will come.** (X)

  We will wait until he comes. (O)
  그가 올 때까지 우리는 기다릴 것입니다.

시간부사절 주요 접속사

until(~때까지) after(~한 후에) when(~할 때)
while(~하는 동안) as soon as(~하자마자)
whenever(~할 때는 언제나) by the time(~까지는)
the first time(처음 ~했을 때는)
the last time(마지막으로 ~했을 때는)

Point 44
현재가 미래 '라면'?

조건부사절도 현재시제로 미래를 표현한다

시간부사절과 마찬가지로 조건부사절에서도 미래시제를 쓰지 않고 현재시제로 미래를 표현합니다. 조건부사절은 주로 '만일'이라는 뜻이 들어 있는 접속사들이 이끄는 〈주어 + 동사〉 구조를 말합니다. if(만일 ~라면), unless(만일 ~가 아니라면), in case(~할 경우에 대비하여), once(일단 ~라면) 등이 이에 해당합니다.

- I will stay home if it will rain tomorrow. (X)

  I will stay home if it rains tomorrow. (O)
  내일 비가 온다면 나는 집에 머무를 것이다.

- You'll miss the bus unless you will walk more quickly. (X)

  You'll miss the bus unless you walk more quickly. (O)
  더 빨리 걷지 않으면 너는 버스를 놓치게 될 것이다.

- If you invite me, I will be glad very much.
  만일 당신이 저를 초대해주신다면, 저는 매우 기쁠 것입니다.

- If you come, I will come to meet you.
  만일 당신이 와주신다면 제가 마중 나갈게요.

- Once you have made a promise, you must keep it.
  일단 약속하면, 지켜야 한다.

- We may as well prepare plenty of food in case the guests stay for dinner.
  손님들이 저녁 식사를 하고 갈지도 모르니 음식을 충분히 장만하는 것이 좋겠다.

연습문제 22

■ 두 개의 보기 중에서 우리말에 맞는 영어 표현을 고르세요.

1. 나는 네가 돌아올 때까지 이곳에 머무를 것이다.
   I will stay here until you [come / will come] back.

2. 네가 다음에 올 때 나는 이것을 너에게 보여줄 것이다.
   I'll show it to you when you [come / will come] next time.

3. 사막 지역도 비가 올 때는 역시 꽃이 필 것이다.
   A desert area will still bloom when rain [comes / will come].

4. 그는 내년에 휴가를 갖는 동안 연구 조교들에게 일을 맡길 것이다.
   He will depend on his research assistants while he [takes / will take] a leave of absence next year.

5. 조만간 교통 문제가 해결되지 않으면, 도시에서 차를 모는 것은 불가능해질 것이다.
   If traffic problems [are not solved / will not be solved] soon, driving in cities will become impossible.

6. 밤새 수도가 얼어버릴 경우에 대비해서 우리는 수돗물을 밤 동안에 흐르게 해 두어야 한다.
   We must keep the water running all night in case it [freezes / will freeze] overnight.

■ 괄호 안의 동사를 시제와 수일치에 맞게 빈칸에 쓰세요.

1. You should insure your car just in case you _____ an accident. (have)
   혹시 사고가 날지도 모르므로 차는 반드시 보험을 들어두어야 한다.

2. I'll write your telephone number down in case I _____ it. (forget)
   나중에 잊어버릴지도 모르니 너의 전화번호를 적어두어야겠다.

3. Go out with an overcoat on in case the weather _____ cold in the afternoon. (get)
   오후에는 날씨가 갑자기 추워질지도 모르니 외투를 입고 가라.

4. When the leaves _____ brown in the autumn, I always feel sorry. (turn)
   나뭇잎들이 가을에 갈색으로 변하면 나는 언제나 기분이 안 좋다.

5. Do bring your little boy when you _____ to our house. (come)
   우리 집에 오실 때 당신의 귀여운 아이를 꼭 데리고 오십시오.

조동사

조동사는 동사의 단조로운 의미를 좀 더 구체화시켜주는 기능을 가지고 있으며, 동사의 변화형으로 표현하지 못하는 여러 가지 의미를 만들어냅니다. 그동안 한국에서 가르치는 영문법에서는 영어의 기본 품사를 8품사(명사, 대명사, 형용사, 부사, 동사, 전치사, 접속사, 감탄사)로 구분하고 있는데, 여기서 조동사가 빠지는 것은 이해할 수 없는 일입니다. 기본적인 영문법에서 조동사는 동사의 테두리 안으로 포함해서 소개하고 있지만, 영어에서 활용도가 너무나도 높기 때문에 따로 빼서 다루는 것이 바람직합니다.

Chapter 4

그는 너를 '사랑할 거야'

미래를 의미하는 〈조동사 + 동사원형〉

조동사는 '사람의 생각'을 표현할 때 씁니다. 이것은 두 가지가 있는데, '미래'에 대한 생각, 그리고 '과거'에 대한 생각입니다. 이때 '미래'에 대한 생각을 표현할 때는 조동사 뒤에 동사원형을 쓰며, '과거'에 대한 생각을 표현할 때는 〈조동사 + have p.p〉 형태를 씁니다.

- I think that they will win us.
  나는 그들이 우리를 이길 것이라고 생각합니다.
- I think that they can win us.
  나는 그들이 우리를 이길 수 있을 것이라 생각합니다.
- I think that they may win us.
  나는 그가 아마도 우리를 이길지 모른다고 생각합니다.
- I think that they must win us.
  나는 그들이 우리를 이겨야만 한다고 생각합니다.

'과거에 했던 생각'을 표현할 때에는 will이 아니라 would와 같은 '조동사의 과거형'을 써야 합니다.
- I thought that they would win us.
  나는 그들이 우리를 이길 것이라고 생각했었다.
- I thought that they could win us.
  나는 그들이 우리를 이길 수 있다고 생각했었다.
- I thought that they might win us.
  나는 그들이 아마 우리를 이길지 모른다고 생각했었다.

그는 너를 '사랑했을 거야'

 과거를 표현하는 〈조동사 + have p.p〉

조동사의 과거형 뒤에 have p.p가 오면 '지난 일에 대한 생각(과거)'을 표현합니다. 즉 조동사의 과거형 뒤에 have p.p가 오면 '예전에'란 의미가 포함된 것으로 보아도 됩니다.

- **They would have won us.** 그들이 우리를 이겼을 것이다.
- **They could have won us.** 그들이 우리를 이길 수도 있었다.
- **They might have won us.** 그들은 아마 우리를 이겼을 것이다.
- **They must have won us.** 그들이 우리를 이겼음에 틀림없다.

 must의 두 가지 의미

조동사 must는 원래 '~해야만 한다'의 [의무] 그리고 '~이 틀림없다'의 [강한 추측]을 둘 다 표현하는데, must have p.p 형태를 쓰면 [강한 추측]의 뜻만 가지게 됩니다.

- **He must attend the meeting.**
  그는 그 모임에 참가해야 한다. [의무]
  그는 틀림없이 모임에 참가할 것이다. [강한 추측]

- **He must have attended the meeting.**
  그는 모임에 참가했음이 틀림없다. [강한 추측]
  ➔ 즉, 이 문장을 '그는 그 모임에 참가해야만 했었는데'의 [의무]로는 해석할 수 없습니다.

연습문제 23

- 두 개의 보기 중에서 우리말에 맞는 영어 표현을 고르세요.

1. 그녀는 담배를 끊어야 한다.
   She [must stop / must have stopped] smoking.

2. 그 도둑들은 현장에서 그 금고를 열 수가 없었다.
   The thieves [couldn't open / couldn't have opened] the safe on the spot.

3. 그는 사무실에 있었을지도 모른다.
   He [may be / may have been] in his office.

4. 그 소년은 아마도 영리할지 모르지만 이기적이다.
   The boy [may be / may have been] bright, but he is selfish.

5. 너는 매일 운동해야 한다.
   You [must exercise / must have exercised] everyday.

6. 그녀는 밤늦게까지 공부했음이 틀림없다.
   She [must study / must have studied] till late at night.

7. 그 홀은 500명도 수용할 것이다.
   The hall [will seat / would have seated] five hundred people.

8. 그는 의사를 찾아갈 수도 있었을 텐데.
   He [can see / could have seen] a doctor tomorrow.

9. 동생은 그녀가 6시까지 여기 올 것이라고 내게 말했다.
   My brother told me that she [will be / would be] here by six.

■ 두 개의 보기 중에서 올바른 것을 고르세요.

1. I thought that Mary [will turn up / would turn up] soon.
   나는 Mary가 곧 나타날 것이라고 생각했다.

2. You [must call / must have called] the doctor immediately.
   너는 의사에게 즉시 전화를 해야만 한다.

3. The performance [must cancel / must have canceled].
   그 공연은 취소되었음에 틀림없다.

4. I thought that I [can't speak / could not speak] English well.
   나는 영어를 잘할 수 없을 것이라고 생각했었다.

5. She [might not hear / might not have heard] the news.
   그녀는 아마도 그 소식을 듣지 못했을 것이다.

6. A better bridge [could be built / could have been built].
   더 나은 다리가 건설될 수도 있었을 텐데.

7. He [would be / would have been] considered as a good musician.
   그는 뛰어난 음악가로 간주되었을 것이다.

8. A little care [might prevent / might have prevented] the fire.
   약간만 주의했더라면 아마도 그 화재를 막을 수 있었을 것이다.

Point 47
will과 would

 ### 시제에 따른 〈will + 동사〉의 변화

조동사 will이나 would 다음에 동사원형이 오면 '~할 것이다'로 해석하며 would have p.p는 '~했을 것이다'라는 뜻으로, 지난 일에 대한 생각 (과거)을 표현할 때 씁니다.

- **I think he will not do such a behavior.**
  나는 그가 그러한 행동을 안 할 것이라 생각합니다.

- **I thought he would not do such a behavior.**
  나는 그가 그러한 행동을 안 할 것이라 생각했습니다.

- **I thought he would not have done such a behavior.**
  나는 그가 그러한 행동을 안 했을 것이라 생각했습니다.

 ### would + 동사원형 / used to + 동사원형

〈would + 동사원형〉은 '~할 것이다'라는 뜻뿐 아니라 '~을 하곤 했다, ~이었다'라는 뜻으로도 쓰입니다. 이러한 뜻으로 쓰이는 것에는 〈used to + 동사원형〉도 있는데, 보통 〈used to + 동사원형〉은 다소 '규칙적, 일관적' 상황에 쓰며 〈would + 동사원형〉은 다소 '불규칙적, 일회적' 상황에 씁니다.

- **He would call me when he felt good.**
  그는 기분이 좋을 때 나에게 전화를 했었다.

- **He used to drink so much while young.**
  그는 젊었을 때 술을 많이 마셨다.

- **There used to be a drugstore around the corner.**
  예전에는 길모퉁이에 잡화점이 있었다.

- **He used to be a teacher when young.**
  그는 젊었을 때 교사였었다.

Point 48
can과 could

 시제에 따른 〈can + 동사〉의 변화

조동사 can은 '~할 수 있다' 또는 '~일 수도 있다'라는 뜻으로 주로 쓰이며, will과 마찬가지로 can, could 뒤에 동사원형이 오면 '앞으로의 일'에 대한 생각, could have p.p가 오면 '~할 수 있었을 텐데'라고 해석하여 '지난 일에 대한 생각'을 표현합니다.

- I think that he can conduct us there.
  나는 그가 우리를 그곳으로 안내해줄 수 있을 것이라 생각한다.
- I thought that the guide could conduct us there.
  나는 그가 우리를 그곳으로 안내해줄 수 있을 것이라 생각했다.
- I thought that the guide could have conducted us there.
  내 생각에 그는 우리를 그곳으로 안내해줄 수 있었을 텐데.

can과 be able to는 '~할 수 있다'로 해석되는데, be able to는 '사람'이 주어로 올 때에만 주로 쓸 수 있습니다.
- Water is able to boil at 100°C. (X)
  Water can boil at 100°C. (O)

'아무리 ~해도 지나치지 않다'를 표현할 때 cannot ~ too를 쓸 수 있습니다.
- You cannot be too kind.
  아무리 친절해도 지나치지 않다.
- You cannot study too hard.
  공부는 아무리 해도 지나치지 않다.

연습문제 24

- 우리말을 영어로 적절하게 표현한 문장을 고르세요.

  1. 나는 그들이 곧 나타날 것이라고 생각했다.
     ① I thought that they would soon turn up.
     ② I thought that they will soon turn up.

  2. 아무도 그가 성공할 것이라고 생각도 못 했었다.
     ① No one thought that he would have succeeded.
     ② No one thought that he would succeed.

  3. 그는 나를 보러 오겠다고 말했다.
     ① He told me he will come to see me.
     ② He told me he would come to see me.

  4. 그렇게 했더라면 나는 어려움을 겪었을 것이다.
     ① If I had done so, I wouldn't have had a hard time.
     ② If I had done so, I wouldn't have a hard time.

  5. 다른 사람이라면 더 잘했을 것이다.
     ① Any other man would do better.
     ② Any other man would have done better.

- 두 개의 보기 중에서 올바른 것을 고르세요.

  1. She [used to play / was used to play] a piece or two on the piano before sleeping.
     그녀는 잠자리에 들기 전 피아노 한두 곡을 치고는 했다.

  2. There [used to be / are used to be] tall buildings here before the war.
     전쟁 전에 여기에 큰 건물들이 있었다.

■ 우리말을 영어로 적절하게 표현한 문장을 고르세요.

1. 그 가수가 그 정도로 인기는 없었을 수 있다.
   ① The singer could hardly become so popular.
   ② The singer could hardly have become so popular.

2. 승객들은 무사히 도착했지만 그 사고를 잊을 수는 없다.
   ① Though the passengers reached safely, they could not forget the accident.
   ② Though the passengers reached safely, they could not have forgotten the accident.

3. 나는 네 질문에 대답할 수가 없다.
   ① I can not answer your question.
   ② I can not have answered your question.

4. 내가 시간이 약간 더 많았다면 더 잘할 수 있었을 텐데.
   ① I could do better if I had a little more time.
   ② I could have done better if I had had a little more time.

5. 그는 학생들에게 자기 설명을 이해할 수 있는지 물었다.
   ① He asked them if they can understand him.
   ② He asked them if they could understand him.

6. 그를 제외한 어떤 사람도 그것을 해낼 수 없었을 것이다.
   ① No other person could have done it but him.
   ② No other person could do it but him.

Point 49
must와 have to

must와 must have p.p의 차이

must는 '~해야만 한다'라는 의무, 그리고 '~임에 틀림없다'라는 강한 추측의 뜻을 가지고 있습니다.

- **All the workers must wear uniforms.**
  모든 직원들은 유니폼을 입어야만 합니다.
- **He must be very tired after the work.**
  그는 일을 하고 나서 틀림없이 매우 피곤할 것이다.

하지만, must have p.p는 '강한 추측'의 의미만 있고 '의무'의 뜻은 없습니다.

- **He must have stolen the money.**
  그는 그 돈을 훔쳤어야만 했다. (X)
  그는 그 돈을 훔쳤음에 틀림없다. (O)

must와 have to의 부정문의 의미 차이

must뿐 아니라 〈have to + 동사원형〉도 '~해야만 한다'라는 뜻이지만 부정문의 의미는 서로 다릅니다. must not은 '~해서는 안 된다'라는 금지의 표현이고, 〈don't have to + 동사원형〉은 '~할 필요가 없다'라는 불필요의 표현입니다.

- **He has to tell her the truth.**
  그는 그녀에게 진실을 말해주어야 한다.
- **He does not have to tell her the truth.**
  그는 그녀에게 진실을 말해줄 필요가 없다.
- **He must not tell her the truth.**
  그는 그녀에게 진실을 말해서는 안 된다.

Point 50
may와 might

may와 might의 의미

조동사 may와 might는 '(아마) ~일지도 모른다'라는 약한 추측을 표현하거나 또는 '~해도 된다'라는 '허가'를 표현하기도 합니다. 약한 추측을 표현할 때 may와 might는 특별히 시제구분을 하지 않고 쓰는 게 일반적입니다.

- **He may[might] accept my idea.**
  그가 내 생각을 받아들일지도 모른다. [추측]

  He may[might] have accepted my idea.
  그가 아마 내 생각을 받아들였을지도 모른다. [추측]

- **May I visit your office?**
  제가 사무실에 방문해도 될까요? [허가]

- **You may take my umbrella with you.**
  제 우산을 가져가셔도 됩니다. [허가]

<may[might] well + 동사원형>은 '~하는 것도 당연하다'라는 뜻이며 <may[might] as well + 동사원형>은 '~하는 것이 낫다'라는 뜻입니다.

- Housewives may well complain of their work.
  주부들이 일에 대해 불평하는 것도 당연하다.
- You may as well stop drinking.
  너는 금주하는 게 낫겠어.
- We may as well watch TV as go shopping.
  우리 쇼핑하느니 TV나 보는 게 낫겠어.

연습문제 25

- 우리말을 영어로 적절하게 표현한 문장을 고르세요.

1. 너는 그가 젊다는 것을 고려할 필요는 없다.
   ① You must not take account of his youth.
   ② You have not to take account of his youth.
   ③ You don't have to take account of his youth.

2. 그는 내일 의사를 찾아가야 할 것이다.
   ① He must see a doctor tomorrow.
   ② He must have seen a doctor tomorrow.

3. 그녀는 밤늦게까지 공부했음에 틀림없다.
   ① She should have studied till late at night.
   ② She must have studied till late at night.

4. 내일은 휴일이야. 일하러 갈 필요가 없어.
   ① Tomorrow is a holiday. You have not to go to work.
   ② Tomorrow is a holiday. You don't have to go to work.

5. 그 가방은 내가 밖에 있는 동안 도난당했음에 틀림없다.
   ① The bag must have been taken while I was out.
   ② The bag must be take while I was out.

6. 그 공연은 취소되었음에 틀림없다.
   ① The performance could have been canceled.
   ② The performance must have been canceled.

7. 네가 내 도움에 의지해서는 안 돼.
   ① You must not count on my help.
   ② You do not have to count on my help.

- 우리말을 영어로 적절하게 표현한 문장을 고르세요.

  1. 그는 지금 사무실에 있을지도 모른다.
     ① He may be in his office now.
     ② He may have been in his office now.

  2. 제가 이곳에서 나가도 되겠습니까?
     ① May I go out from here?
     ② Must I go out from here?

  3. 그는 아마 시험에 합격했을지도 모른다.
     ① He might pass the exam.
     ② He might have passed the exam.

  4. 네가 화를 내는 것도 당연하다.
     ① You may well get angry.
     ② You may as well get angry.

  5. 너는 전문가에게 이것을 수정하게 하는 게 낫겠다.
     ① You may as well to have an expert correct it.
     ② You may as well have an expert correct it.

- 우리말과 같은 뜻이 되도록 빈칸을 채우세요.

  1. 제가 펜을 빌려도 될까요?
     _____ I borrow your pen?

  2. 그녀는 결코 젊지 않았으며, 35세였을지도 모른다.
     She was far from young and she _____ thirty-five.

  3. 이 약이 없었다면 나는 그때 죽었을지도 몰라요.
     Without this medicine, I _____ dead then.

should가 그렇게 중요한 조동사야?

 의무의 should

조동사 should는 '~해야 한다'라는 의무를 표현할 때 씁니다. 특히 '누구나 당연히 해야 하는 의무'를 표현할 때에는 should를 must보다 훨씬 더 많이 씁니다.

- We should try our best.
  우리는 최선을 다해야만 한다.
- You should apologize to her.
  너는 그녀에게 사과해야만 한다.
- You should be thoughtful of the poor.
  너는 가난한 사람들을 생각해야 한다.

 실제와 반대되는 should have p.p

should have p.p는 '지난 일'에 대한 생각의 표현으로 '~했었어야만 했는데'라는 뜻으로, 실제로는 ~하지 않았음을 의미합니다. should not have p.p는 '~하지 말았어야 했었는데'라는 뜻으로, 실제로는 ~했음을 의미합니다.

- In fact, we should have left an hour ago.
  사실 우리는 한 시간 전에 떠나야만 했었다.
- You should have come to the meeting.
  너는 그 모임에 왔었어야 했다.
- We should not have waited for her.
  우리는 그녀를 기다리지 말았어야 했다.
- You should have come earlier.
  그녀는 일찍 왔었어야 했다.

Point 52
should, 왜 숨는 거야?

 should를 동반하는 동사

조동사 should는 '~해야 한다'라는 뜻으로 특히 '당연히 해야 하는 일'을 표현할 때 주로 쓴다고 했습니다. 따라서 '~해야 한다고 명령(주장, 제안, 요구, 권유)하다'에서는 뒤에 나오는 절에 〈should + 동사원형〉을 쓰는데, 이때 should가 생략될 수 있습니다.

일단, 여기에 해당하는 대표적인 동사들을 먼저 보겠습니다.

order, command 명령하다	**insist, urge, argue** 주장하다
suggest, propose 제안하다	**require, demand** 요구하다
recommend 권유하다	

- He ordered that we (should) finish the work by 7 o'clock.
  그는 우리가 그 일을 7시까지 끝내야 한다고 명령했다.

- Many citizens insisted that he (should) be fired right now.
  많은 시민들은 그가 당장 해고되어야 한다고 주장했다.

- The doctor suggested that I (should) stop smoking.
  의사가 나에게 금연을 해야 한다고 제안했다.

- He required that they (should) obey him.
  그는 그들이 자기에게 복종해야 한다고 요구했다.

- I recommended that he (should) be more diligent.
  나는 그에게 더 부지런해야 한다고 권유했다.

연습문제 26

- 두 개의 보기 중에서 우리말에 맞는 영어 표현을 고르세요.

    1. 그 제품은 빠르게 개선되어야만 한다.
       The products [should improve / should have improved] rapidly.

    2. 이것은 더 일찍 만들어졌어야 했다.
       It [should be / should have been] made earlier.

    3. 너는 전문가니까 이 정도는 알아야 한다.
       Now that you are an expert, you [should know / should have known] this much.

    4. 너는 그들에게 사과해야만 했다.
       You [should apologize / should have apologized] to them.

    5. 너는 너를 도와줄 친구가 있어야 한다.
       You [should have / should have had] your friends to help you.

    6. 나는 우리가 무엇을 해야 할지 모르겠다.
       I don't know what we [should do / should have done].

    7. 그는 그 책을 읽지 말았어야 했다.
       He [should not read / should not have read] the book.

    8. 나도 취업 사이트에 가입했었어야 했는데.
       I [should join / should have joined] the online job-search site

- 두 개의 보기 중에서 올바른 것을 고르세요.

    1. The Minister proposed that we [acted / act] at once.
    장관은 우리가 즉시 행동을 취해야 한다고 제안했다.

    2. I recommended that they [would see / should see] the movie.
    나는 그들에게 그 영화를 보라고 권유했다.

    3. He insisted that he [is / be] in the game.
    그는 자기가 그 경기에 나서야 한다고 주장했다.

    4. She ordered that all servants [must go / go].
    그녀는 하인들에게 모두 밖으로 나가라고 명령했다.

- 다음 밑줄 친 부분이 잘못된 것을 고른 후 바르게 고쳐 쓰세요.

    1. He suggested <u>I should not drop</u> a class before midterm.
    (   )

    2. He recommended that <u>we could save</u> money for the future.
    (   )

    3. I proposed that <u>my club members helped</u> the poor.
    (   )

    4. He insisted that <u>one should have</u> the courage to speak out one's beliefs.   (   )

    5. The doctor required that <u>I will eat</u> well for my health.
    (   )

Point 53
need의 정체는 일반동사? 조동사?

일반동사 need

need는 '~할 필요가 있다'라는 뜻으로, 일반동사로도 쓰이며 조동사로도 쓰입니다. 즉, study, read와 같은 일반동사로도 쓸 수 있고 will, can과 같은 조동사로도 쓸 수 있는데, 이 두 개의 기능이 혼합될 수는 없습니다.

need가 일반동사라면 뒤에 동사원형이 오지 않고 to부정사가 옵니다. 만일 동사원형이 온다면 결국 동사가 2개가 되는 꼴이기 때문입니다. 그리고 need가 일반동사라면 부정형을 만들 때 다른 일반동사처럼 don't, doesn't, didn't가 앞에 붙습니다.

- He **needs to** run away. 그는 달아날 필요가 있다.
- He **doesn't need to run** away. 그는 달아날 필요가 없다.

조동사 need

need가 조동사라면 이와 같이 뒤에는 to부정사가 아니라 동사원형이 옵니다. 또한, 다른 조동사같이 부정어 not이 뒤에 붙는 형태로 부정문을 만듭니다.

- He **need not run** away. 그는 달아날 필요가 없다.

또한, need not have p.p는 '~할 필요가 없었는데'라는 뜻이며 실제로는 행해졌음을 의미합니다.

- He **need not have studied** such a thing.
  그는 그러한 것을 공부할 필요는 없었는데.

조동사처럼 안 생긴 조동사 had better

had better와 would rather 뒤에는 동사원형!

had better와 would rather는 '~하는 것이 낫다'라는 뜻의 일종의 조동사입니다. will, can과 같은 일반적인 조동사와 생김새가 좀 다르기 때문에 특히 주의해야 합니다. had better와 would rather는 조동사이기 때문에 뒤에 동사원형이 옵니다.

- You had better gone home. (X)

  You had better to go home. (X)

  You had better go home. (O)
  너는 집에 가는 게 낫겠다.

부정어 not의 위치

will not, can not처럼 부정어 not은 뒤에 옵니다.

- I would not rather accept it. (X)

  I would rather not accept it. (O)
  나는 그것을 받아들이지 않는 게 낫겠다.

had better, would rather 뒤에 have p.p가 오면 지난 일에 대한 생각을 표현하는 것으로, '~하는 게 나았을 텐데'라는 뜻입니다.
- You had better have seen the doctor earlier.
  너는 의사를 더 일찍 찾아가보는 게 나았을 텐데.

연습문제 27

- 두 개의 보기 중에서 올바른 것을 고르세요.

1. You need not [be / to be] afraid of being late.
   네가 늦을까 봐 걱정할 필요는 없다.

2. He need not [do / to do] the work.
   그가 그 일을 할 필요는 없다.

3. You [need not / don't need] be frightened at the dog.
   네가 그 개를 보고 무서워할 필요는 없다.

4. You need not [try / to try] to decide it.
   네가 그것을 결정할 필요는 없다.

5. Although you like pop music, you [need not / don't need] to go to the concert.
   비록 네가 팝음악을 좋아하지만 너는 그 공연에 가볼 필요는 없다.

6. He needs [walk / to walk] to his office, but now he goes there by car.
   그는 사무실까지 걸어갈 필요가 있는데 지금 그는 차로 그곳에 간다.

- 우리말을 영어로 옮길 때 가장 적절한 표현을 고르세요.

> 그뿐 아니라 나도 놀랄 필요는 없었어.
> **I as well as he _____.**

① need not have been surprised
② don't need have been surprised
③ need not be surprised
④ don't need to be surprised

■ 세 개의 보기 중에서 올바른 것을 고르세요.

1. I would rather [go / to go / going] today than tomorrow.
   내일보다는 오늘 가는 게 낫겠다.

2. I would rather [stay / to stay / stayed] at home than go hiking.
   나는 하이킹하는 것보다 집에 있는 게 낫겠다.

3. I would rather [stay / to stay / have stayed] at home.
   나는 그냥 집에 있는 게 나았을 것이다.

4. We had better [stop / to stop / have stopped] at the next station.
   다음 주유소에 들르는 게 낫겠다.

5. He had better [read / reading / have read] the book before taking the examination.
   그는 시험을 치기 전에 그 책을 읽는 게 더 나았을 것이다.

6. You had better not [climb / climbing / have climbed] the mountain.
   너는 그 산에 오르지 않는 것이 나았었을 것 같다.

7. I would rather [sell / to sell / have sold] my car than this picture.
   이 그림을 파느니 차라리 내 차를 팔겠다.

8. He had better [do / to do / have done] it himself.
   그가 직접 하는 게 나을 것 같다.

가정법

가정법은 말 그대로 상황을 가정하여 말하는 방식입니다. 그런데 이 가정법이 시제와 밀접한 연관을 가질 수밖에 없기 때문에 문제가 좀 복잡해집니다. 시제를 어떻게 보는가에 따라서 달라지기 때문입니다. 사실, 실제 원어민들이 사용하지 않는 용어인 '가정법 미래'라는 말과 '현재'라는 말이 어디서 생겼는지 모르지만 이미 수십 년 동안 정착이 되었기 때문에 새로운 용어를 주입시키기가 매우 어렵다는 것도 문제입니다.

결국, 가정법이란 가짜로 상황을 정하여 말하는 방식이고, 단순하게 추측을 하여 말하는 조건문과는 다릅니다. 그래서 기본적으로 가정법을 공부한다면 '단순 추측 = 조건문' '현재사실 반대가정 = 가정법 과거' '과거사실 반대가정 = 가정법 과거완료'라는 세 가지 분류로 접근하는 게 옳으며, 시제가 혼합되는 경우도 아주 많다는 점 또한 이해할 수 있어야 합니다.

Chapter 5

가정법 과거와 과거완료, 뭐가 다른가요?

 가정법 과거는 과거에 대한 가정이 아니다!

가정법 중 가장 많이 쓰이는 것은 if를 이용한 가정법입니다. 가정법이 어렵다고 느끼는 이유는 바로 용어 때문인데요. 예를 들어 '가정법 과거'라는 것은 '동사를 과거동사'로 쓴다는 것이며 '가정법 과거완료'는 '동사를 과거완료'로 쓴다는 것입니다. 상황은 이와 다르게 '가정법 과거'는 현재상황에 대한 가정, 가정법 과거완료는 과거 상황에 대한 가정입니다.

먼저 우리말의 상황으로 비교해보겠습니다.

> 1. 만일 내가 지금 그곳에 있다면 너를 볼 수 있을 텐데.
> 2. 만일 내가 그때 그곳에 있었더라면 너를 볼 수 있었을 텐데.

위의 1번은 '현재 사실의 반대' 또는 '현재 상황에 대한 가정'에 해당합니다. 따라서 '가정법 과거'를 쓰며 이때 동사들은 과거형 동사를 씁니다.

- If I were there now, I could see you.

2번은 '그때'라는 의미가 포함된 '과거 사실의 반대' 또는 '과거 상황에 대한 가정'에 해당합니다. 따라서 '가정법 과거완료'를 쓰며 이때 동사들은 had p.p 형태를 씁니다. 단, could[would]와 같은 조동사 뒤에는 동사원형이 오기 때문에 could had p.p가 아니라 could have p.p를 씁니다.

- If I had been there then, I could have seen you.

Point 56
가정법 과거와 과거완료의 형태

가정법 과거의 기본 형태

가정법 과거에서 if절에는 과거동사, 주절에는 〈would + 동사원형〉 형태가 쓰이며, 가정법에서 be동사의 과거형은 were로 통일합니다. 또한, 의미에 따라 would, could, might 등이 모두 쓰일 수 있습니다.

- If I were you, I would help him.
  만일 내가 너라면 난 그를 도와줄 텐데.

- If I had much money, I could buy it.
  만일 내가 돈만 많다면 그것을 살 수 있을 텐데.

- If I knew her, I would see the movie with her.
  만일 내가 그녀를 안다면 그 영화를 같이 볼 텐데.

가정법 과거완료의 기본 형태

가정법 과거완료에서는 if절은 had p.p, 주절은 would have p.p 형태로 씁니다.

- If I had been you, I would have helped him.
  만일 내가 너였더라면 그를 도와줬을 텐데.

- If I had had much money, I could have bought it.
  만일 내가 돈이 많았더라면 그것을 살 수 있었을 텐데.

- If I had known her, I would have seen the movie with her.
  만일 내가 그녀를 알고 있었다면, 그 영화를 같이 봤을 텐데.

연습문제 28

- 두 개의 보기 중에서 올바른 것을 고르세요.

1. If he [was / were] a gentleman, he would keep a secret.
   만일 그가 신사라면 비밀을 지킬 것이다.

2. If I [worked / had worked] hard, I would have succeeded.
   만일 내가 더 열심히 공부했더라면 성공했을 것이다.

3. If it were possible to travel round the earth on a horse, how long [will / would] it take to do so?
   말을 타고 지구를 한 바퀴 돌 수 있다면 그렇게 하는 데 얼마나 걸릴까요?

4. If I were rich, I [could travel / could have traveled] around the world.
   만일 내가 부자라면 세계 여행을 할 수 있을 텐데.

5. If I had had time, I [could go / could have gone] skiing with you.
   시간이 있었다면, 너와 함께 스키 타러 갈 수 있었을 텐데.

6. We could make our homes better if we [had / had had] more money.
   돈만 더 있다면 우리 집을 더 좋게 만들 수 있을 텐데.

7. Governments [could not survive / could not have survived] if the people wanted to do away with all Taxes.
   만일 국민들이 모든 세금을 없애길 바란다면 정부는 살아남을 수 없을 것이다.

8. If I had known the news, I [would tell / would have told] you.
   만일 그 뉴스를 알았더라면, 너에게 말했을 것이다.

- 밑줄 친 부분을 우리말에 맞게 고쳐 쓰세요.

  1. 네가 정직했다면, 그들은 너를 채용했을 것이다.
     If you had been honest, they <u>would employ</u> you. (　　　　)

  2. 너의 충고를 따랐더라면, 나는 후회하지 않았을 텐데.
     If I <u>followed</u> your advice, I would not have regretted it.
     (　　　　)

  3. 네가 들었더라면 그가 능력이 출중하다는 결론을 내렸을 것이다.
     If you had listened, you <u>would conclude</u> that he was very capable.
     (　　　　)

  4. 만일 하루가 30시간으로 길었더라면 나는 일을 모두 끝낼 수 있었을 것이다.
     I would be able to finish all my work if the day <u>had been</u> thirty hours long. (　　　　)

  5. 만일 Robert Kennedy가 좀 더 오래 살았더라면 그는 아마도 선거에서 이겼을 것이다.
     If Robert Kennedy <u>lived</u> a little longer, he probably would have won the election. (　　　　)

  6. 내가 내 형 입장이었다면 난 대화 도중에 전화를 끊었을 것이다.
     If I <u>were</u> in my brother's position, I would have hung up the phone in the middle of the conversation. (　　　　)

  7. 만일 네가 실패한다면 네 어머니가 매우 슬퍼하실 것 같다.
     If you fail, your mother <u>would have been</u> very sorry.
     (　　　　)

두 개의 가정법을 섞어도 되나요?

 과거 상황에 대한 가정 + 현재 상황에 대한 가정

'만일 내가 3년 전 그녀와 결혼했더라면, 지금 미국에 살고 있을 텐데'라는 말을 영어로 표현해 보겠습니다. 먼저 '3년 전'은 '과거 상황에 대한 가정'이기 때문에 if절은 가정법 과거완료가 쓰입니다. '지금'은 '현재 상황에 대한 가정'이기 때문에 주절은 가정법 과거를 씁니다. 이와 같이 if절은 가정법 과거완료, 주절은 가정법 과거를 사용해서 두 개의 가정법이 혼합되어 있기 때문에 '혼합 가정법'이라고 합니다.

- If I had got married to her then, I would live in America now.
  만일 그때 내가 그녀와 결혼했더라면 지금 미국에 살고 있을 텐데.

- If it had not rained yesterday, we would go out now.
  만일 어제 비가 오지 않았더라면 우리는 지금 밖에 나갈 텐데.

- If I had bought it last month, I would regret it now.
  만일 지난달에 그것을 샀었다면, 지금 매우 후회할 텐데.

- If I had read the book before, I could solve the problem now.
  만일 전에 그 책만 읽었더라면, 지금 그 문제를 쉽게 해결할 수 있을 텐데.

- If I had bought the smart phone, I could not buy the new one now.
  만일 그 스마트폰을 구입했었다면, 지금 새로 나온 것을 사지 못했을 거야.

Point 58
if가 없어져도 티가 나!

if가 생략되면 주어 동사가 도치된다

if가정법에서는 if가 생략되고 쓰이기도 하며, if가 생략되었음을 알려주기 위해 if 바로 뒤의 주어와 동사가 도치됩니다. 이때에는 주어 앞으로 동사가 나옵니다.

- If I were you, I would help him.
  = Were I you, I would help him.
  만일 내가 너라면 그를 도울 텐데.

- If I had bought it, he also would have bought it.
  = Had I bought it, he also would have bought it.
  만일 내가 그것을 샀었다면 그 또한 그것을 샀을 거야.

- If I had not been Korean, I could not have understood them.
  = Had I not been Korean, I could not have understood them.
  만일 내가 한국인이 아니었다면, 나는 그들을 이해할 수 없었을 거야.

- If I had not married her then, I would be happier now.
  = Had I not married her then, I would be happier now.
  만일 내가 그녀랑 그때 결혼만 안 했다면 지금 더 행복할 거야.

연습문제 29

- 두 개의 보기 중에서 올바른 것을 고르세요.

1. If he had taken his patron's advice then, he [might be / might have been] alive now.
   만일 그가 그때 동료의 조언을 받아들였더라면, 그는 지금 살아 있을 텐데.

2. If it had not rained last night, the road [would not be / would not have been] so muddy this morning.
   만일 지난밤에 비가 오지 않았더라면, 오늘 아침에 이 길이 이렇게 질퍽하지 않았을 텐데.

3. Had I wrote your address then, I [would write / would have written] to you now.
   내가 그때 네 주소를 적어두었더라면 지금 너한테 편지를 쓸 텐데.

4. If I took that plane then, I [would be / would have been] dead now.
   만일 내가 그때 그 비행기를 탔었더라면 나는 지금 죽은 사람일 것이다.

5. If I had bought it yesterday, I [would go out / would have gone out] with it today.
   만일 어제 그것을 샀다면 오늘 그것을 가지고 나갈 텐데.

6. If she had behaved more reasonably, she [would be / would have been] better now.
   만일 그녀가 더 현명하게 행동했더라면 지금 그녀 상황이 더 좋을 텐데.

- 다음 문장을 if가 포함된 문장으로 바꿔 쓰세요.

    1. Were I you, I would do the same thing.
       만일 내가 너라면, 같은 일을 할 것이다.

       _____

    2. Were I rich, I should be glad to help you.
       내가 부자라면, 기꺼이 당신을 도와줄 텐데.

       _____

    3. Had dad told me the truth, I could have been a far better daughter.
       아빠가 나에게 진실을 말했더라면, 나는 훨씬 더 좋은 딸이 될 수 있었을 텐데.

       _____

- 다음 문장을 if가 생략된 문장으로 바꿔 쓰세요.

    1. If I were a millionaire, I would be able to have a large house of my own.
       내가 백만장자라면 난 내 소유의 커다란 집을 가질 수 있을 텐데.

       _____

    2. If computers had thought like humans, then more people would have lost their jobs.
       만일 컴퓨터가 인간처럼 생각할 수 있었다면, 더 많은 사람들이 직업을 잃었을 것이다.

       _____

가정법 미래에는 should가 보여요

가정법 미래의 기본 형태

'(미래에) ~한다면 좋을 텐데'를 표현할 때에는 if절에 〈should + 동사원형〉, 주절에는 〈would[will] + 동사원형〉을 쓰며 이를 가정법 미래라고 합니다. 이때에도 if가 생략될 수 있는데 그러면 〈Should + 주어 + 동사원형〉 형태가 됩니다.

원래 should는 '~해야만 한다'라는 뜻으로 해석되지만, 가정법에서 if절에 나오는 should는 특별한 의미로 해석하지는 않습니다. 가정법 미래라는 것을 표시하기 위해 쓰는 형식적인 조동사일 뿐입니다.

- If I should marry her next year, my girlfriend will seek to kill me.
  만일 내가 그녀와 내년에 결혼한다면, 여자 친구가 나를 죽이려고 할지도 몰라.

- If I should pass next year, I could buy a car.
  만일 내가 내년에 합격만 한다면, 차를 살 수 있을 거야.

이때 will seek은 would seek, could buy는 can buy로 쓸 수 있는데 가정법 미래에서는 과거형 조동사와 미래형 조동사를 둘 다 쓸 수 있기 때문입니다.

명령문도 가정법 미래에 쓸 수 있습니다. 또한 if가 생략되면 should가 주어보다 앞에 옵니다.
- If you should marry me, save much money.
= Should you marry me, save much money.
  만일 네가 나랑 결혼할 것이라면, 돈부터 많이 모아.

Point 60
해가 서쪽에서 뜬다면? were to 가정법

 순수 가정법이란?

if절에 〈were to + 동사원형〉, 주절에 〈would + 동사원형〉 형태가 오는 것을 소위 '순수 가정법'이라고 합니다. 주로 가능성이 매우 불가능하거나 희박한 것을 표현할 때 주로 씁니다. 예를 들어 '지구가 멸망한다면' 또는 '지구상에 모두 여자만 있다면' 등과 같은 내용입니다. 말하는 사람 입장에서 '가능성이 거의 없는' 상황에서도 편하게 씁니다. 예를 들어 계속 꼴찌만 하는 사람이 '내가 내일 시험에서 전교 1등을 한다면'이라 말한다면, were to 가정법으로 쓸 수 있습니다.

- **If I were to die tomorrow, what would I do?**
  만일 내가 내일 죽는다면, 무엇을 하겠는가?

- **If I were to be born again, I would not marry you.**
  만일 내가 다시 태어난다면, 너와 결혼하지 않을 것이다.

- **If the sun were to be extinguished, all living things would die.**
  만일 태양이 빛을 잃게 된다면 모든 생물은 죽을 것이다.

- **If the sun were to rise in the west, I would change my mind.**
  만일 해가 서쪽에서 뜬다면, 나는 마음을 바꿀 것이다.

were to 가정법에서도 if는 생략될 수 있습니다.

- **If I were to be born again, I would become a doctor.**
  = **Were I to be born again, I would become a doctor.**
  내가 다시 태어난다면, 나는 의사가 될 것이다.

연습문제 30

- 두 개의 보기 중에서 올바른 것을 고르세요.

1. If it [rained / should rain] tomorrow, I will put off my departure.
   만일 내일 비가 온다면 나는 출발을 연기할 것이다.

2. If I were to be young again, I [will work / would work] harder.
   만일 내가 다시 젊어진다면 더 열심히 일할 텐데.

3. If man [were to live / will live] forever, we would be faced with a lot of problems.
   인간이 영원히 산다면, 우리는 많은 문제에 직면하게 될 것이다.

4. If the sea were to rise 500 feet, India [will become / would become] an island.
   만일 바다가 500피트나 높아진다면 인도는 섬이 될 것이다.

5. If traffic problems [should not be / will not be] solved soon, driving in cities will become impossible.
   조만간 교통 문제가 해결되지 않으면, 도시에서 차를 모는 것은 불가능해질 것이다.

6. He has so much money that he [can not spend / could not spend] it all if he were to live for a thousand years.
   그는 어찌나 돈이 많던지 그가 앞으로 천 년을 산다 해도 그 돈을 다 쓰지 못할 것이다.

7. If he [will do / should do] so, I would be very angry.
   만일 그가 그렇게 한다면 나는 매우 화가 날 것이다.

- 우리말을 영어로 적절하게 표현한 문장을 고르세요.

  1. 내가 불법적인 걸 한다면 고발될 것이다.

     ① If I were to do anything illegal, I'd be accused.

     ② If I were to do anything illegal, I will be accused.

  2. 내가 그녀에게 점수를 준다면 C일 것이다.

     ① If I were to give her a grade, it will be a C.

     ② If I were to give her a grade, it would be a C.

  3. 그 문제가 발생한다면 세미나가 취소될 수 있겠지요?

     ① If the problem should occur, could the seminar be postponed?

     ② If the problem will occur, could the seminar be postponed?

  4. 그가 전화를 한다면, 그에게 기다리라고 말하세요.

     ① Should he to call, tell him to wait.

     ② Should he call, tell him to wait.

  5. 만일 네가 성공하고자 한다면, 인내심을 가져야 할 것이다.

     ① Should you succeed, you would become patient.

     ② Should you succeeded, you would become patient.

  6. 만일 돈이 충분하지 않으면 나는 그것을 사지 않을 것이다.

     ① If I were to have enough money, I will not buy it.

     ② If I should have enough money, I will not buy it.

Point 61
if 없어도 가정법 맞아요~ I wish 가정법

 I wish 가정법이란?

I wish 가정법은 만일 ~라면 좋을 텐데라는 의미를 표현할 때 씁니다.

- I wish I <u>were</u> you.
  내가 (지금) 너라면 좋을 텐데.
- I wish I <u>had been</u> you.
  내가 (그때) 너였다면 좋았을 텐데.
- I wish I <u>would be</u> you.
  내가 네가 된다면 좋을 텐데.

if 가정법과 마찬가지로 '현재 상황의 반대'를 의미할 때는 과거시제의 동사를 사용하며 이를 가정법 과거라고 합니다.

- I wish I <u>had</u> the car.
  내가 그 차를 가지고 있다면 좋을 텐데.
- I wish you <u>were</u> my girlfriend.
  네가 내 여자 친구면 좋을 텐데.

만일 '과거 상황의 반대'를 표현할 때에는 I wish 뒤에 had p.p 동사를 쓰며, 이것이 I wish 가정법 과거완료입니다.

- I wish I <u>had bought</u> the car.
  내가 그 차를 샀었더라면 좋았을 텐데.
- I wish you <u>had been</u> my girlfriend.
  네가 내 여자 친구였었더라면 좋았을 텐데.

Point 62
I wish 가정법의 시제 확인하기

 ### I wish 가정법의 미래시제 표현

I wish 가정법에서 '미래' 상황을 표현할 때에는 주로 would나 could 와 같은 조동사를 씁니다. 미래라고 해서 will이나 can 같은 미래형 조동사를 쓰면 안 됩니다.

- **I wish I could get married to you next year.**
  내년에 너랑 결혼할 수만 있다면 좋을 텐데.

- **I wish my salary would be raised next year.**
  내년에는 월급 좀 오르면 좋을 텐데.

 ### 시간 표현에 따른 시제 선택

I wish 가정법은 시간 표현에 따라 시제를 선택해야 하는 경우를 잘 보아야 합니다. 즉, 뒤에 now 등이 오면 과거동사, yesterday나 last year와 같은 과거 표현이 오면 had p.p가, next year와 같이 미래 표현이 오면 〈would + 동사원형〉이 오게 됩니다.

- **I wish I had much money <u>now</u>.**
  지금 내가 돈이 많다면 좋을 텐데.

- **I wish I had had much money <u>last year</u>.**
  작년에 돈이 많았었더라면 좋았을 텐데.

- **I wish I would have much money <u>next year</u>.**
  내년에는 돈 좀 많았으면 좋을 텐데.

연습문제 31

■ 두 개의 보기 중에서 우리말에 맞는 영어 표현을 고르세요.

1. 내가 그 애 여자 친구면 좋을 텐데.
   I wish I [were / had been] his girlfriend.

2. 내가 그때 그곳에 가지 않았었더라면.
   I wish I [did not go / had not gone] there then.

3. 내가 백만장자라면 얼마나 좋을까.
   How I wish I [were / had been] a millionaire.

4. 열차에서 그와 함께였다면 좋았을 텐데.
   I wish I [were / had been] with you on the train.

5. 지금 그가 여기에 있으면서 우리를 도와준다면 좋을 텐데.
   I wish he [were / had been] here to help us now.

6. 내가 그 당시에 대학생이었더라면.
   I wish I [were / had been] in college in those days.

7. 내가 얼마나 많이 너를 사랑하는지를 네가 알아준다면.
   I wish you [knew / had known] how much I love you.

8. 그가 이것에 대해 침묵을 지켰었더라면.
   I wish he had [kept / had kept] silent about it.

- 밑줄 친 부분을 우리말에 맞게 고쳐 쓰세요.

  1. 나는 그가 그렇게 게으르지 않았으면 좋겠어.
     I wish that he had not been so lazy. (   )

  2. 나는 가끔 내가 다니는 대학교가 컸으면 좋겠어.
     I sometimes wish that my university is large. (   )

  3. 내가 7살 정도로만 돌아갈 수 있었으면 좋겠다.
     I wish I have begun when I was about seven or so. (   )

  4. 그가 편지를 개봉했을 때 그의 얼굴을 봤으면 좋았을 텐데.
     I wish I saw his face when he opened the letter. (   )

  5. 오래전에 그를 만나지 않았었더라면.
     I wish I have not met him long ago. (   )

  6. 그가 내일 오면 좋을 텐데.
     I wish he will come tomorrow. (   )

  7. 내일은 그 지갑 좀 찾으면 좋을 텐데.
     I wish I can find the wallet tomorrow. (   )

  8. 내가 너만큼 테니스를 잘 치면 좋을 텐데.
     I wish I can play tennis as well as you. (   )

  9. 나는 옛날 집이 그립다. 우리가 이사를 가지 않았었더라면 좋았을 텐데.
     I miss the old house. I wish we didn't move. (   )

  10. 그 공연이 취소되지 않았으면 좋았을 텐데.
      I wish the performance were not be canceled. (   )

as if 가정법의 시제 익히기

 as if 가정법의 의미와 시제 표현

as if 뒤에 〈주어 + 동사〉가 오면 '마치 S가 V하는 것처럼'이라는 뜻입니다.

- **He acts as if he knew me well.**
  그는 나를 잘 아는 것처럼 행동한다.

  He acts as if he had known me well.
  그는 나를 잘 알고 있었던 것처럼 행동한다.

첫 문장은 as if 뒤에 과거동사 knew를 썼는데, 이는 주절의 동사(acts)와 as if 이하의 동사가 동시 발생일 때 씁니다. 반면에 아래 문장처럼 as if 뒤에 had p.p를 쓸 때는 주절보다 하나 앞선 시점일 때입니다.

- **He says as if he were rich.**
  그는 자기가 부자인 것처럼 말한다.

  He says as if he had been rich.
  그는 자기가 부자였던 것처럼 말한다.

- **He acted as if he were an expert.**
  그는 자기가 전문가인 것처럼 행동했다.

  He acted as if he had been an expert.
  그는 자기가 전문가였던 것처럼 행동했다.

- **She lied to me as if she were poor.**
  그녀는 자기가 가난한 것처럼 거짓말했다.

  She lied to me as if she had been poor.
  그녀는 자기가 가난했었던 것처럼 거짓말했다.

Point 64
It is time 가정법

It is time + 주어 + 과거시제 동사

It is time 뒤에 〈주어 + 동사〉 형태가 오면 '~가 ...할 때이다'의 뜻입니다. 이때 동사 자리에는 과거시제를 쓰는데 이는 가정법이라서 '지금' 즉 현재 상황을 의미하는 표현임에도 과거동사를 쓰기 때문입니다. It is와 time 중간에 about이나 high를 쓰기도 하는데, 특별한 의미를 가지고 있지는 않습니다.

- It is (about) time we study more and more. (X)

  It is (about) time we studied more and more. (O)
  우리는 이제 더욱 더 열심히 공부해야 할 때이다.

- It is (high) time we were together.
  우리가 함께 있어야 할 때이다.

- It is (about) time we went to bed.
  잠자러 갈 시간이다.

- It is (high) time we made a contract with the company.
  우리가 그 회사와 계약해야 할 때이다.

> 과거동사를 대신하여 〈should + 동사원형〉을 쓸 때도 있는데 '~해야만 할 때이다'처럼 '의무'를 강조할 때 쓸 수 있습니다.
> · It is time we should return to our country.
>   우리가 고국으로 돌아가야 할 때이다.

연습문제 32

■ 두 개의 보기 중에서 올바른 것을 고르세요.

1. He looks as if he [knew / had known] something about it.
   그는 그것에 관해 무언가 알고 있는 것처럼 보인다.

2. He talks as if he [knew / had known] everything.
   그는 모든 것을 다 알고 있던 것처럼 말한다.

3. I feel as if I [were / had been] dreaming now.
   나는 지금 마치 꿈을 꾸고 있는 느낌이다.

4. She smiles as if she [were not / had not been] sad.
   그녀는 슬프지 않은 것처럼 미소를 짓고 있다.

5. Sometimes he acts as if he [were / had been] a child.
   가끔 그는 아이처럼 행동한다.

6. She speaks English as if she [were / had been] American.
   그녀는 미국인처럼 영어를 한다.

7. It looks as if it [were / had been] a precious jewel.
   그것은 값비싼 보석처럼 보인다.

8. She acted as if nothing [happened / had happened] before.
   그녀는 전에 아무 일도 없었던 것처럼 행동했다.

9. You look as if you [were / had been] sick for a month.
   당신은 일주일 내내 아팠던 것처럼 보인다.

■ 밑줄 친 부분을 우리말에 맞게 고쳐 쓰세요.

1. 그는 젊었을 때 부자였던 것처럼 말한다.
   He talks as if he <u>were</u> rich when young. (   )

2. 그는 전에 나를 본 적이 없었던 것처럼 나를 바라보았다.
   He looked at me as if he <u>never saw</u> me before.(   )

3. 그들은 마치 유령을 보고 있는 것처럼 보였다.
   They looked as if they <u>had seen</u> a ghost. (   )

4. 그는 마치 위대한 예술가처럼 보인다.
   He looks as if he <u>had been</u> a great artist. (   )

5. 그는 마치 영국인처럼 영어를 말한다.
   He speaks English as if he <u>had been</u> an Englishman. (   )

6. 그는 놀란 것처럼 보인다.
   He looks as if he <u>was</u> astonished. (   )

7. 우리가 그 사건을 기억할 때이다.
   It is about time we <u>remember</u> the event. (   )

8. 우리 눈으로 그것을 바라볼 때이다.
   It is time we <u>look</u> at it with our own eyes. (   )

9. 네가 그 사고에 대해 나에게 말을 해줄 때야.
   It is high time you <u>tell</u> me about the accident. (   )

10. 지금은 우리가 두 배의 속도로 걸어야 할 때이다.
    It is about time we <u>walk</u> at a double speed. (   )

부정사와 동명사

부정사는 한 문장에서 접속사 없이 동사를 두 번 사용할 수 없다는 점과 문장을 간결하게 쓰려는 노력에서 탄생하였습니다. I want study English.라는 문장이 있다고 합시다. want와 study는 둘 다 동사이므로 문법적으로 틀립니다. 그래서 I want to study English.로 바꾸어야 합니다. 이 문장에서 to study는 동사에 해당되는 '하다'로 해석하지 않고 '~하는 것'으로 해석합니다. 때에 따라서는 '~하기 위한', '~한 것 때문에' 등등 다르게 해석해야 합니다. 즉, 부정사는 동사를 명사나 형용사, 부사로 활용하기 위해서 만들어진 것입니다.

동명사는 부정사와 마찬가지로 동사를 다른 식으로 활용하기 위해서 변형시킨 형태인데, 〈동사원형 + ing〉의 꼴을 취하여 명사로 활용합니다. 즉, 동명사는 동사를 명사로 전환한 것입니다. 명사로 전환되었으니 당연히 문장에서 주어, 보어, 목적어로 쓰이며 동사의 성질은 그대로 갖습니다. 동사의 성질을 갖는다는 것은 자체적으로 또 하나의 목적어를 취하고, 수동형으로 바뀔 수도 있으며 완료 형태로 사용하여 과거시제를 표현할 수도 있다는 의미입니다.

부정사, 왜 태어났니?

부정사의 쓰임새

build는 '건설하다'라는 뜻의 동사입니다. 이러한 동사를 명사인 '건설하는 것', 형용사인 '건설할, 건설하고 있는', 부사인 '건설하기 위해, 건설하면서'와 같은 의미를 가질 수 있게 변형해야 할 필요가 있습니다. 만일 '건설하다'와 '건설하는 것', '건설하기 위해' 등이 각각 다른 단어라면 영어단어는 너무나 많아져서 누구도 쉽게 공부할 수 없을 것입니다.

따라서 to build와 같이 동사 앞에 to를 붙이면 이제부터 to build는 '건설하다'라는 동사가 아니라 '건설하는 것'이라는 명사, '건설할'이라는 형용사, 그리고 '건설하기 위해서'라는 부사로 쓰일 수 있습니다. 이를 to부정사라고 합니다.

- **To use a smart phone is to use Kakao Talk.**
  스마트폰을 사용한다는 것은 곧 카카오톡을 이용한다는 것이다. (명사)

- **The desire to build a new city ended up failure.**
  새 도시를 건설하겠다는 그 바람은 실패로 끝이 났다. (형용사)

- **He came to my house to apologize to me.**
  그는 나에게 사과를 하기 위해 우리 집으로 왔다. (부사)

Point 66
동명사, 넌 왜 태어났니?

 부정사가 아닌 동명사가 필요한 이유

부정사는 명사로 쓰일 때 '~하는 것'이라는 뜻입니다. 명사는 주로 문장에서 주어, 목적어, 보어로 사용되거나, 전치사 뒤에서 사용되는데 주어나 보어로 쓰일 때에는 to부정사만 가지고도 충분했지만 목적어로 쓰일 때에는 새로운 문제가 발생합니다.

- **I remember to call her.**
  나는 그녀에게 전화를 해야 하는 것을 기억한다?
  나는 그녀에게 전화를 했던 것을 기억한다?

이 문장에서 보듯이 to부정사는 remember의 목적어로 쓰였는데, 위의 두 상황을 모두 의미할 수 있다 보니 혼란의 여지가 발생합니다. 이에, 동명사라는 것이 생겨났는데, to부정사는 목적어로 쓰일 때 주로 '미래적'인 것을 표현하고 동명사는 주로 '과거적, 실제 발생한 일'을 표현하기로 약속합니다. 즉, '나는 그녀에게 전화했던 것을 기억한다.'는 I remember calling her.로 표현합니다. 동명사는 이와 같이 동사 뒤에 -ing가 붙는 형태입니다.

또한, 전치사 뒤에도 명사를 쓰는데, 전치사에는 on, in뿐 아니라 to도 있습니다. 이때 전치사 to 뒤에 to부정사를 쓰면 어색한 모양이 되기 때문에 전치사 뒤에도 부정사가 아니라 동명사만 쓰기로 합니다.

- **I object to calling her.**
  나는 그녀에게 전화하는 것에 반대했다.

연습문제 33

■ 다음 부정사를 해석하세요.

1. <u>To be rich</u> is their goal.
   (   ) 그들의 목적이다.

2. All salesmen want <u>to be successful</u>.
   모든 영업사원들은 (   ) 원한다.

3. She has no friend <u>to help her</u>.
   그녀는 (   ) 친구가 한 명도 없다.

4. Let's find something <u>to sit on</u>.
   (   ) 찾아보자.

5. Many investors watch news programs often <u>to keep up with current events</u>.
   많은 투자자들은 (   ) 뉴스프로그램들을 자주 시청한다.

6. Our goal is <u>to succeed</u> in the joint venture.
   우리의 목적은 합작 사업에서 (   ) 것이다.

7. They promised <u>to meet the deadline</u> for the upcoming presentation.
   그들은 다가올 발표를 위한 (   ) 약속했다.

8. The scandals led us <u>to dismiss some employees</u> working in the Osaka branch.
   그 스캔들은 우리가 오사카 지점에서 근무하는 (   ) 끌고 갔다.

■ 두 개의 보기 중에서 우리말에 맞는 영어 표현을 고르세요.

1. 우리는 전체 정보를 받지 않고서 그 프로젝트를 진행할 수 없다.
   We can't proceed with the project without [receiving / to receive] full information.

2. 그들은 Tedd의 후임자를 찾는 데 상당한 어려움을 겪었다.
   They had great difficulty in [to find / finding] a replacement for Tedd.

3. 그 지역은 분명히 방문할 가치가 있었다.
   The area was definitely worthy of [to visit / visiting].

4. 범죄의 희생자들을 돕는 목적으로 캠페인이 있을 것이다.
   There will be a campaign with the aim of [to help / helping] victims of crime.

5. 우리는 학생들에게 교육을 제공하는 것 이외에도 지역 고등학교들에 컴퓨터들을 기증한다.
   We donate computers to local high schools, instead of [to provide / providing] students with training.

6. 나는 고객들과 언쟁을 벌였던 것을 후회하고 있다.
   I'm regret [being argumentative / to be argumentative] with customers.

7. 그들은 기술적 혁신을 도입함으로써 업그레이드를 할 수 있다.
   They can upgrade by [introducing / to introduce] technological innovations.

부정사는 미래, 동명사는 과거

 부정사와 동명사의 차이점

부정사와 동명사는 주어 자리에는 서로 구분 없이 쓰는 경우가 많지만, 목적어 자리에는 구분해서 써야 합니다. 부정사와 동명사를 목적어로 취하는 동사들 중 미래 지향적일 때에는 to부정사, 과거 지향적일 때에는 동명사를 씁니다.

remember

- I remember **to call** her.
  나는 그녀에게 전화해야 한다는 것을 기억하고 있다.

- I remember **calling** her.
  나는 그녀에게 전화했던 것을 기억하고 있다.

forget

- I forgot **to introduce** her to my parents.
  나는 부모님께 그녀를 소개해야 한다는 것을 잊어버렸다.

- I forgot **introducing** her to my parents.
  나는 부모님께 그녀를 소개했던 것을 잊어버렸다.

regret

- I regret **to cancel** the appointment.
  나는 그 약속을 취소하게 되어 유감이다.

- I regret **cancelling** the appointment.
  나는 그 약속을 취소한 것을 후회하고 있다.

Point 68
목적어 형태 따라 뜻도 달라져?

 목적어의 형태에 따라 의미가 달라지는 동사

다음은 목적어로 to부정사와 동명사가 둘 다 오는 동사로 동사 자체의 의미가 변하는 것이기 때문에 별도로 암기할 필요가 있습니다.

---

try + to부정사: (지속적으로) 시도하다

try + 동명사: (시험 삼아 한번) 해보다

- She tried **to write** in pencil.
  그녀는 연필로 써보도록 노력했다.

- She tried **writing** under an assumed name.
  그녀는 시험 삼아 가명으로 한번 써보았다.

---

mean + to부정사: ~을 의미하다

mean + 동명사: ~을 의도하다, ~할 작정이다

- What do you mean **to do**? 무엇을 할 작정이십니까?

- Being married does not necessarily mean **living** happy ever after.
  결혼한다는 것이 항상 행복하게 산다는 것을 의미하는 것은 아니다.

---

stop + to부정사: (~하기 위해 원래 동작을) 멈추다

stop + 동명사: (~하는 것을) 그만두다

- He stopped **to talk**. 그는 이야기하기 위해 걸음을 멈추었다.

- He stopped **talking**. 그는 이야기를 그만두었다.

연습문제 34

- 우리말을 영어로 적절하게 표현한 문장을 고르세요.

1. 우리는 그 문제에 대해 생각하는 것을 멈추어야 한다.
   ① We should stop thinking over the problem.
   ② We should stop to think over the problem.

2. 저는 당신의 기분을 상하게 하려는 의도는 없었습니다.
   ① I didn't mean upsetting you.
   ② I didn't mean to upset you.

3. 나는 안내서를 사용해야 한다는 것을 잊었다.
   ① I forgot using the manual.
   ② I forgot to use the manual.

4. 많은 사람들이 그들이 대학 다닐 때 열심히 공부하지 않은 것을 후회한다.
   ① Many people regret not studying hard during their university days.
   ② Many people regret not to study hard during their university days.

5. 나는 일의 대가로 보수를 받았던 것을 기억하지만 정확한 액수는 기억나지 않는다.
   ① I remember being paid for the job, but I forget the exact amount.
   ② I remember to be paid for the job, but I forget the exact amount.

6. 나는 작년에 파리를 방문한 것을 잊지 못할 것이다.
   ① I shall never forget to visit Paris last year.
   ② I shall never forget visiting Paris last year.

- 세 개의 보기 중에서 우리말에 맞는 영어 표현을 고르세요.

  1. 오늘 오후 선생님과 대화를 해야 한다는 것을 기억해라.
     Remember [to have / have / having] a talk with your teacher this afternoon.

  2. 그는 수단방법을 가리지 않고 목적을 달성하려 했다.
     He meant [to attain / attain / attaining] his object by fair means or foul.

  3. 나는 돈을 모으지 않았던 것을 후회하고 있다.
     I regret not [to save / save / saving] money.

  4. 그들은 이번 휴일에 예약해둔 것을 잠시도 후회하지 않았다.
     They hadn't regretted [to book / book / booking] this holiday for a moment.

  5. 그는 너무 지쳐서 담배를 피우기 위해 가던 길을 멈췄다.
     He was so tired that he stopped [to smoke / smoke / smoking].

  6. 나는 그를 또 만나야만 해서 참 유감이야.
     I regret [to meet / meet / meeting] him again.

  7. 나는 그에게 돈을 돌려줘야 하는 것을 잊고 있었다.
     I forgot [to give back / give back / giving back] money to him.

부정사만 나를 따르라 1

 목적어로 to부정사만 쓰는 동사 1

다음의 동사들은 뒤에 '미래 지향적'인 목적어가 와야 하기 때문에 to부정사만 목적어로 오는 동사들입니다. 주로 어떤 일을 하기 전 단계에 해당하는 동사들이 주를 이룹니다.

소망, 기대	wish, hope, desire, expect, want
계획, 결정, 결심	plan, decide, determine
시도	seek, strive
동의, 약속, 거절	agree, swear, promise, refuse

- He wishes to play with us.
  그는 우리와 놀고 싶어 한다.

- We hope to travel abroad.
  우리는 해외여행을 희망한다.

- They refused to discuss the question.
  그들은 그 문제를 토론하고자 하지 않았다.

- I decided to sell my house.
  나는 집을 팔기로 결심했다.

- She agreed to leave at once.
  그녀는 즉시 떠나는 데 동의했다.

- They promised to help us.
  그들은 우리를 돕기로 약속했다.

- I determined to go there alone.
  나는 그곳에 혼자 가기로 결정했다.

Point 70
부정사만 나를 따르라 2

목적어로 to부정사만 쓰는 동사 2

앞에서 말한 동사들뿐 아니라 아래의 동사들도 to부정사를 목적어로 받는 동사들입니다.

pretend ~인 척하다	**manage** 간신히 ~하다
afford ~할 여유가 있다	**fail** ~하지 못하다
hesitate ~를 주저하다	**choose** ~하기로 선택하다

- He pretended to be indifferent.
  그들은 무관심한 척했다.

- He pretended not to see me for a reason.
  그는 무슨 이유에서인지 나를 못 본 체했다.

- I've managed to do so far without great difficulty.
  나는 지금까지는 큰 어려움 없이 그럭저럭 해냈다.

- I can't afford to rent the car.
  나는 그 차를 빌릴 여유가 없다.

- I failed to entirely understand the meaning.
  나는 그 의미를 완전히 이해하지는 못했다.

- Don't hesitate to ask me.
  주저하지 말고 나한테 물어봐.

- Everybody seem to choose to eat rather than to starve.
  모든 사람들이 굶는 것보다는 먹는 것을 선택할 것이다.

연습문제 35

- 두 개의 보기 중에서 우리말에 맞는 영어 표현을 고르세요.

  1. 그날은 아주 따뜻했고, 그래서 난 그녀를 만나고 싶었다.
     The day was very warm, so I hoped [to see / seeing] her.

  2. 그 어린 아이는 배우가 되고 싶어 한다.
     The young child wants [to go / going] on the stage.

  3. 나는 모든 구성원들이 도착했는지 보고 싶었다.
     I wanted [to see / seeing] that all the members had arrived.

  4. 나는 어렸을 때 식물학자가 되고 싶었다.
     I hoped [to be / being] a botanist when young.

  5. 그는 절대로 음주 운전을 하지 않겠다고 결심했다.
     He decided never [to drink / drinking] and drive.

  6. 노동자들은 예정된 파업을 취소하기로 결정했다.
     The workers decided [to call off / calling off] their intended strike.

  7. 우리는 그날 밤 영화를 보는 데 동의했다.
     We agreed [to go / going] to the movies that night.

  8. 명백한 실수를 했는데도 그는 여전히 인정하려 하지 않는다.
     Having made an obvious mistake, he still refused [to admit / admitting] it.

- 세 개의 보기 중에서 올바른 것을 고르세요.

1. He seems to seek [run for / to run for / running for] election to the National Assembly.
   그는 국회의원에 출마하려고 애쓰는 것 같다.

2. We all desire [be / to be / being] happier than now.
   우리 모두는 지금보다 더 행복해지기를 바란다.

3. He pretended not [pass / to pass / passing] in the exam.
   그는 시험에 합격하지 못한 척했다

4. We agree [accept / to accept / accepting] the offer.
   저희는 그 제안을 받아들이기로 동의했습니다.

5. We promise [deliver / to deliver / delivering] within 48 hours.
   저희는 48시간 이내 배송을 약속드립니다.

6. He offered [assist / to assist / assisting] the woman.
   그는 그 여자를 도와주겠다고 제안했다.

7. We can't afford [hire / to hire / hiring] workers any more.
   저희는 직원들을 더 고용할 여유가 없습니다.

8. Don't hesitate [express / to express / expressing] your opinion.
   주저하지 말고 의견을 말해보세요.

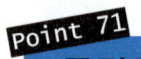

Point 71
동명사만 나를 따르라 1

 목적어로 동명사만 쓰는 동사 1

완료, 중지, 포기	finish, quit, discontinue, abandon, give up
회피, 연기	avoid, escape, delay, defer, postpone, put off
허락, 인정, 부인	allow, permit, admit, resist, deny

'완료, 중지, 포기'에 해당하는 동사들은 '실제로 하던 것을 중지'하는 것이므로 뒤에 '경험, 실제 발생'에 해당하는 동명사가 목적어로 옵니다.

- **Did you finish writing your report?** 당신은 보고서 작성을 끝냈습니까?
- **She gave up applying for a job.** 그녀는 구직을 포기했다.

'회피, 연기'는 '원래 하려고 하던 것을' 회피, 또는 연기하는 것이기 때문에 이미 정해진 행위에 해당하는 동명사가 목적어로 옵니다.

- **He avoids talking with a selfish man.**
  그는 이기적인 사람과 대화하는 것을 피한다.
- **I postponed meeting with the manager.**
  나는 그 매니저와의 미팅을 연기했다.

'인정, 부인'은 실제로 행해진 사실에 대한 인정과 부인이기 때문에 부정사가 아니라 동명사가 옵니다.

- **He admits having done it himself.**
  그는 자신이 직접 그것을 했다는 것을 인정한다.
- **She denied having told me the secret.**
  그녀는 나에게 비밀을 말했다는 것을 부인했다.

Point 72
동명사만 나를 따르라 2

 목적어로 동명사만 쓰는 동사 2

계속	keep, keep on
경험	enjoy, appreciate, practice, forgive, get through
기타	consider, mind, imagine, anticipate, miss, dislike

'계속'은 '하던 것을 계속하다'의 의미이기 때문에 역시 부정사가 아니라 동명사가 옵니다. 하지만, continue는 부정사와 동명사가 둘 다 목적어로 쓰입니다.

- **The baby kept crying.**
  그 아이가 계속 울었다.

enjoy, appreciate, practice 등은 모두 경험에 해당하는 내용이 뒤에 오기 때문에 동명사가 목적어로 옵니다.

- **She practices playing the piano after school.**
  그녀는 방과 후에 피아노 치는 것을 연습한다.

anticipate, consider, imagine은 미래지향적 동사처럼 보이지만 동명사가 오는 동사들이니 주의해야 합니다.

- **I consider buying the car.**
  저는 그 차를 구매할 것을 고려중입니다.

연습문제 36

- 다음 단어들을 동명사가 목적어로 오는 동사와 부정사가 목적어로 오는 동사로 구분하세요.

enjoy	_____	hope	_____	admit	_____
expect	_____	avoid	_____	escape	_____
mind	_____	deny	_____	promise	_____
finish	_____	seek	_____	postpone	_____
choose	_____	delay	_____	put off	_____
pretend	_____	give up	_____	practice	_____
consider	_____	agree	_____	miss	_____
decide	_____	offer	_____	suggest	_____
imagine	_____	determine	_____	defer	_____
appreciate	_____				

- 두 개의 보기 중에서 우리말에 맞는 영어 표현을 고르세요.

  1. 우리는 이번 주말에 소풍을 가는 것을 고려 중이다.

     We are considering [to go / going] on a picnic this weekend.

  2. 그 책을 언제 끝내실 계획인가요?

     When do you plan [to finish / finishing] writing the book?

  3. 당신은 왜 그 사람 만나는 것을 계속 연기합니까?

     Why do you postpone [to meet / meeting] him again and again?

  4. 나는 일찍 출발하는 것을 고려하고 있다.

     I consider [to leave / leaving] early.

- 두 개의 보기 중에서 올바른 것을 고르세요.

  1. 그는 그녀의 가방을 훔친 것을 인정했다.
     He admitted [to have stolen / having stolen] her bag.

  2. 당신께 답장을 받게 되어 감사드립니다.
     We appreciated [to hear / hearing] from you.

  3. 그는 직원들에게 권위를 휘두르는 것을 즐긴다.
     He enjoys [to exercise / exercising] his authority over his staffs.

  4. 그녀는 그것에 대해 전혀 아는 바 없다고 말했다.
     She denied [to know / knowing] anything about it.

  5. 그녀는 틈만 나면 바가지를 긁는다.
     She keeps [to nag / nagging] me at every opportunity.

- 괄호 안의 동사를 적절한 준동사로 바꿔 쓰세요.

  1. He kept _____ for more than an hour. (wait)
     그는 한 시간이 넘게 나를 계속 기다렸어요.

  2. You'd better finish _____ with her. (talk)
     너는 그녀하고 대화하는 것을 그냥 끝내는 게 나을 것 같아.

  3. I will consider _____ a recommendation to him. (make)
     제가 그에게 건의해보는 것도 고려해볼게요.

  4. He postponed _____ back books. (give)
     그는 책 반납을 연기했다.

모양도 뜻도 여러 가지, use

use의 수동태와 관련된 표현

be used는 수동태로 '사용되다'라는 뜻도 있지만 익숙하다라는 뜻도 있습니다. 이때 뒤에 to부정사가 오면 '~하는 데 사용되다' 그리고 to 뒤에 동명사가 오면 '~하는 데 익숙하다'의 뜻입니다. 또한, used to 다음에 동사원형이 오면 ~하곤 했다, ~이었다라는 뜻으로 과거의 습관이나 상태를 의미합니다.

used to + 동사원형	~하곤 했다(과거의 습관)
be used to + 동사원형	~하는 데 사용되다
be used to + -ing	~하는 데 익숙하다

- **He** used to play **golf on Sunday.**
  그는 일요일에 골프를 치곤 했다.

- **The knife** is used to cut **bread.**
  그 칼은 빵을 자르는 데 사용된다.

- **He** is used to driving **a car.**
  그는 운전하는 데 익숙하다.

'~하는 데 사용되다'의 <be used to + 동사원형> 앞에는 주로 사물이 오며 '~하는 데 익숙하다'의 <be used to + -ing> 앞에는 주로 사람이 옵니다.

- The samples will be used to make a database.
  그 표본들은 데이터베이스를 만들기 위해 사용될 것이다.
- I'm already used to doing the work.
  저는 그 일을 하는 데 이미 익숙합니다.

부정사가 아닌 전치사의 to?

 to + -ing를 사용하는 표현

to는 to부정사를 만들 뿐 아니라 전치사로도 쓰입니다. 전치사 뒤에는 동명사가 오기 때문에 to가 만일 부정사가 아니라 전치사로 사용되면 to 뒤에는 동사원형이 아니라 동명사가 와야 합니다. 아래의 표현들이 이에 해당합니다.

> **look forward to -ing** ~을 고대하다
>
> **when it comes to -ing** ~의 점에서는
>
> **used[accustomed] to -ing** ~에 익숙한
>
> **object to -ing = be opposed to -ing** ~에 반대하다
>
> **be devoted to -ing** ~에 몰두하다
>
> **contribute to -ing** ~에 기여하다
>
> **with a view to -ing** ~할 목적으로

- I am looking forward **to seeing** you.
  만나 뵙기를 학수고대하고 있습니다.

- I am accustomed to **reading** a book all night.
  나는 밤새도록 책 읽는 것에 익숙하다.

- I objected to **being** punished for no reason.
  나는 이유 없이 체벌을 받는 것에 반대한다.

- The teacher have been devoted to **teaching** English.
  그 교사는 영어를 가르치는 데 몰두해왔다.

- He quit the company with a view to **getting** another job.
  그는 다른 직업을 구할 목적으로 그 회사를 그만두었다.

연습문제 37

■ 두 개의 보기 중에서 우리말에 맞는 영어 표현을 고르세요.

1. 언어는 우리의 생각과 감정을 전달하는 데 사용된다.
   Language is used [to communicate / to communicating] our ideas and emotions.

2. 그녀는 토요일마다 나를 방문하곤 했다.
   She used [to come / to coming] and see me on Saturdays.

3. 나는 일요일마다 낚시하러 가곤 했다.
   I [used to go / am used to go] fishing on Sundays.

4. 소금은 음식을 맛내는 데 쓰인다.
   Salt [used to / is used to] flavor food.

5. 그녀는 집 뒤편에 있는 숲을 산책하곤 했다.
   She [used to / was used to] walk through the woods behind her house.

6. 그녀는 매일 저녁 열심히 드레스를 만들며 일하는 데 익숙하다.
   She is used [to working / to work] hard every evening making dresses.

7. 현대 증기기관은 탄광산업을 용이하게 하기 위해 처음으로 사용되었다.
   The modern steam engine was first used [to facilitate / to facilitating] the mining of coal.

8. 대부분의 첫째 아이들은 다른 사람들을 돌보는 데 익숙하다.
   Most first-born children are used [to caring / to care] for others.

- 두 개의 보기 중에서 우리말에 맞는 영어 표현을 고르세요.

1. 그녀는 장거리를 걷는 데 익숙했다.

   She was accustomed to [walk / walking] long distance.

2. 그 친절한 간호사는 환자들을 돌보는 데 전념했다.

   The kind nurse devoted herself to [help / helping] the patient.

3. 당신은 영어 논문을 읽기 위해 사전을 이용하는 것에 반대하십니까?

   Do you object to [use / using] a dictionary for reading an English paper?

4. 그는 가난한 환자들을 돕기 위해 자선병원을 열었다.

   He opened a charity hospital with a view to [help / helping] the poor sick people.

5. 내 여동생이 내 목표를 이루는 데 도움이 되었습니다.

   My sister contributed to [achieve / achieving] my goal.

6. 나는 점심 후에 한 시간 수면을 취하는 데 익숙하다.

   I am accustomed to [sleep / sleeping] for an hour after lunch.

7. 저희는 가게를 오픈하기를 고대하고 있습니다.

   We're looking forward to [open / opening] our store.

주어, 다 받아주어라!

 부정사와 동명사 모두 주어 가능!

부정사와 동명사는 둘 다 문장에서 주어로 쓸 수 있습니다. 목적어 자리에는 부정사와 동명사를 구분해서 쓰지만, 주어 자리에는 크게 구분하지 않고 씁니다. 부정사와 동명사가 문장의 주어 자리에 오면 동사는 3인칭 단수로 받는 것을 원칙으로 합니다.

- Swimming <u>is</u> a good sport.

  To swim <u>is</u> a good sport.
  수영은 좋은 스포츠이다.

- Taking a walk <u>helps</u> you keep healthy.

  To take a walk <u>helps</u> you keep healthy.
  산책하는 것은 건강을 유지하는 데 도움이 된다.

- Keeping a diary in English <u>is</u> not so difficult.

  To keep a diary in English <u>is</u> not so difficult.
  영어로 일기를 쓰는 것은 그렇게 어렵지 않다.

주어뿐 아니라 be동사 뒤의 보어 자리에도 to부정사와 동명사를 구분하지 않고 씁니다.

- What I want to do now is to propose to her.
= What I want to do now is proposing to her.
  제가 지금 하고 싶은 것은 그녀에게 프러포즈하는 것이에요.

Point 76
전치사 뒤에는 부정사 말고 동명사

 ### 전치사 + to부정사는 불가!

전치사 뒤에는 명사(류)가 오는데, 전치사 뒤에 부정사는 올 수 없고 동명사만 올 수 있습니다.

- He is busy in doing my homework.
  그는 숙제를 하느라 바쁘다.
- They spends most of their time in quarreling.
  그들은 대부분의 시간을 말싸움하면서 보낸다.
- She passed me on the street without speaking.
  그녀는 길거리에서 말없이 나를 지나쳤다.

 ### 전치사 but + 동사원형/to부정사

전치사 뒤에는 동명사가 오지만, '~을 제외하고'라는 의미로 사용되는 but은 뒤에 동사원형 또는 to부정사가 오는 경우들이 있습니다.

cannot help + -ing (~하지 않을 수 없다)
= cannot but + 동사원형
= cannot help[choose] but + 동사원형
= have no choice but + to부정사
= have no alternative but + to부정사

- I cannot help respecting him.
  = I cannot but respect him.
  = I cannot help[choose] but respect him.
  = I have no choice[alternative] but to respect him.
  나는 그를 존경하지 않을 수 없다.

연습문제 38

■ 두 개의 보기 중에서 올바른 것을 고르세요.

1. Asking for help [is / are] sometimes necessary.
   때로는 도움을 청하는 것이 필요하다.

2. [Surf / Surfing] the Internet is one of my hobbies.
   인터넷을 검색하는 것은 내 취미 중 하나이다.

3. To explore the moon [was / were] the dream of mankind for a long time.
   달을 탐사하는 것이 오랜 기간 인류의 꿈이었다.

4. My purpose is [to assist / assist] you to do your work.
   내 목적은 네가 일을 해내도록 돕는 것이다.

5. The most important thing in life is [do / to do] our best.
   인생에서 가장 중요한 것은 최선을 다하는 것이다.

6. Meeting a stranger [was / were] not interesting to me.
   낯선 사람을 만나는 것은 나에게 재미가 없었다.

7. My main job as secretary is [organize / organizing] conferences for him.
   비서로서 제 주된 업무는 그분을 위해 회의를 준비하는 것입니다.

8. Entering this lake [is / are] forbidden.
   이 호수에 들어가는 것은 금지되어 있다.

9. To win the game [is / are] very important for us.
   그 게임에 이기는 것은 우리에게 매우 중요합니다.

■ 밑줄 친 부분을 바르게 고쳐 쓰세요.

1. He went out without <u>to say</u> good-bye to her. (   )
   그는 그녀에게 작별인사도 하지 않고 나가버렸다.

2. He insists on <u>know</u> about the experiment. (   )
   그는 그 실험에 대해 이해할 수 없다고 주장했다.

3. The dictionary functions primarily as a tool for <u>define</u> the meanings of the words. (   )
   사전은 일차적으로 단어의 의미를 정의하도록 해주는 도구 역할을 한다.

4. The doctor examined me by <u>listen to</u> my heart with a stethoscope. (   )
   의사가 청진기로 심장 소리를 들으며 나를 검진했다.

5. On <u>see</u> her, I fell in love with her. (   )
   난 그녀를 보자마자 사랑에 빠져버렸다.

■ 빈칸에 들어갈 적절한 단어를 보기에서 골라 쓰세요.(중복 가능)

| 보기 | get | getting | to get | got |

1. I cannot help _____ worried about it.

2. = I cannot help but _____ worried about it.

3. = I cannot but _____ worried about it.

4. = I have no choice but _____ worried about it.
   나는 이에 대해 걱정하지 않을 수가 없어.

Point 77
명사를 꾸며주는 부정사

to부정사의 형용사적 용법 1: 명사 수식

to부정사는 앞에 오는 명사나 대명사를 수식하기도 합니다. 명사와 대명사를 수식하는 것은 형용사이기 때문에 이러한 용법을 to부정사의 형용사적 용법이라고 합니다. 이때 to부정사 대신 현재분사가 오는 경우에는 '~하고 있는, ~하는'의 뜻의 '실제 발생'을 표현할 때가 많습니다. 아래에서 보듯이 '~하고 있는'의 실제 발생 상황에서는 부정사가 아니라 분사가 꾸미며, '~할, ~해야 할'의 미래 상황에는 부정사가 명사를 꾸며줍니다.

- **The man to meet** me is one of her friends.
  나를 만날 그 남자는 그녀의 친구 중 한 명이다.

  The man meeting me is one of her friends.
  나를 만나고 있는 그 남자는 그녀의 친구 중 한 명이다.

- I have no <u>friend</u> **to help** me.
  나를 도와줄 친구가 없네요.

  I have no <u>friend</u> **helping** me.
  나를 도와주고 있는 친구가 없네요.

하지만 〈the + 최상급〉, 〈the + 서수〉, the same, the only, the very, the last 등이 붙는 경우 뒤에는 항상 to부정사가 수식합니다.

- He is <u>the fastest man</u> **to win** the prize.
  그는 그 상을 탄 가장 빠른 사람이다.

- He is <u>the only man</u> **to love** me.
  그는 나를 사랑한 유일한 사람이다.

Point 78
be동사 뒤에도 부정사가?

to부정사의 형용사적 용법 2: be동사 뒤의 보어

형용사는 문장에서 be동사 뒤에서 보어로 쓰입니다. 따라서 to부정사 또한 be동사 뒤에서 보어 역할을 하기도 하며 이를 be to부정사라고 부르기도 합니다. to부정사는 주로 '미래 상황'을 의미하기 때문에 be to부정사는 ~할 것이다, ~할 수 있다, ~해야 한다 등으로 해석될 수 있는데, 현재분사를 쓰면 '실제 발생' 상황을 표현하여 '~하는 중이다'의 뜻이 됩니다.

- **I am to meet them tomorrow morning.**
  나는 내일 아침 그들을 만날 예정이다.

  I am meeting them now.
  나는 지금 그들을 만나는 중이다.

- **We are to observe the traffic rules.**
  우리는 교통법규를 지킬 것입니다.
  우리는 교통법규를 지킬 수 있습니다.
  우리는 교통법규를 지켜야 합니다.

  We are observing the traffic rules.
  우리는 교통법규를 지키는 중입니다.

- **He is to see the movie with her.**
  그는 그녀와 영화를 볼 것이다.
  그는 그녀와 영화를 볼 수 있다.

  He is seeing the movie with her.
  그는 그녀와 영화를 보는 중이다.

연습문제 39

- 우리말을 영어로 적절하게 표현한 문장을 고르세요.

  1. 저는 대화를 같이 할 사람이 필요합니다.
     ① I need someone to talk with.
     ② I need someone talking with.

  2. 그들은 부자가 되고 싶은 욕망이 없는 것 같다.
     ① They seem to have no desire being rich.
     ② They seem to have no desire to be rich.

  3. 그녀가 나를 싫어할 만한 이유가 없다.
     ① She has no reason to hate me.
     ② She has no reason hating me.

  4. 그는 나에게 어제 전화한 똑같은 사람이다.
     ① He is the same man calling me yesterday.
     ② He is the same man to call me yesterday.

  5. 그는 나를 기다린 바로 그 사람이다.
     ① He is the very man to wait for me.
     ② He is the very man waiting for me.

- 두 개의 보기 중에서 올바른 것을 고르세요.

  1. Golf is the only sport [to make / making] me famous.
     골프는 나를 유명하게 만들어준 유일한 스포츠이다.

  2. It is the last homework [to do / doing].
     이것이 해야 할 마지막 숙제이다.

■ 세 개의 보기 중에서 우리말에 맞는 영어 표현을 고르세요.

1. 너는 너의 봉급에 만족해야 할 것이다.
   You are [be / being / to be] satisfied with your salary.

2. 그 문제는 나를 다소 혼란스럽게 만들고 있다.
   The issue is rather [confuse / confusing / to confuse] to me.

3. 암은 언젠가 사라지게 될 것이다.
   The cancer disease is [disappear / disappearing / to disappear] someday.

4. 청중들은 그녀의 발언 때문에 모두 울게 될 것이다.
   The audience are [cry / crying / to cry] by her talk.

5. 어떤 소리를 듣고 그녀는 지하실로 내려가는 중이다.
   Hearing a sound, she is [go / going / to go] downstairs.

6. 대통령이 이곳에서 연설을 할 것이다.
   The president is [deliver / delivering / to deliver] a speech here.

7. 그 언덕을 스키 타고 내려오는 중에 심장이 미친 듯이 뛰고 있다.
   While I am skiing down the hill, my heart is [beat / beating / to beat] crazily.

8. 네가 나한테 그 이유를 가르쳐주어야만 한다.
   You are [teach / teaching / to teach] me the reason.

동사를 꾸며주기 '위하여'

동사를 수식하는 to부정사: 목적

동사를 수식하는 것은 부사입니다. 따라서 to부정사 또한 동사를 직접 수식할 수 있으며, 이때 to부정사는 주로 목적의 표현이므로 ~하기 위해서로 해석될 때가 많습니다. 이 자리에 현재분사를 쓰면 '~하면서'라는 뜻의 '동시 발생' 또는 '실제 발생'을 의미하기 때문에 구분해서 읽어야 합니다.

- **To hear** news, we went into the restaurant.
  뉴스를 듣기 위해, 우리는 식당으로 들어갔다.

  Hearing news, we went into the restaurant.
  뉴스를 들으면서 우리는 식당으로 들어갔다.

이때 동사를 수식하는 to부정사는 이와 같이 문두에 올 수도 있지만 동사 뒤에 올 수도 있습니다.

- We did our best **to make** our dreams come true.
  우리는 우리의 꿈을 실현시키기 위해 최선을 다했다.

  We did our best **making** our dreams come true.
  우리는 우리 꿈을 실현시키면서 최선을 다했다.

- All players must play **to win**.
  모든 선수들은 이기기 위해 경기해야 한다.

- I bought some gifts **to surprise** her.
  나는 그녀를 놀라게 해주려고 선물을 좀 샀다.

- He seemed to visit us **to show** off his success.
  그는 자기 성공을 과시하기 위해 우리를 방문한 것 같았다.

Point 80
동사를 꾸며주고 '말았다'

 동사를 수식하는 to부정사: 결과

to부정사가 동사를 수식하면 주로 '목적'의 의미로 쓰인다고 했는데, 다음의 경우에는 to부정사가 '결과'의 의미로 쓰입니다. 이때에는 to부정사 앞의 동사가 원인, 또는 먼저 발생한 상황 그리고 to부정사가 결과, 또는 나중에 발생한 상황이 됩니다.

먼저, wake up(잠에서 깨어나다, = awake), grow up(성장하다) 뒤의 to부정사는 결과의 표현입니다. 잠에서 깨어나고 성장하는 것은 자기 의지로 하지 못하는 동사인데, 이러한 자기 의지로 할 수 없는 동작은 목적이 있을 수 없기 때문입니다.

- He <u>awoke</u> to find himself famous.
  그는 잠에서 깨어나 보니 유명해져 있었다.

- She <u>grew up</u> to be a famous singer.
  그녀는 성장해서 유명한 가수가 되었다.

그리고 또 하나, to부정사 앞에 only가 오면 to부정사는 결과의 표현입니다. only뿐 아니라 never가 오는 경우도 결과로 해석되는 경우가 있습니다.

- He walked carefully <u>only</u> to slip on a banana peel.
  그는 조심스레 걸었으나, 바나나 껍질에 미끄러졌다.

- He worked hard <u>never</u> to pass.
  그는 열심히 공부했으나 합격하지 못했다.

연습문제 40

- 우리말을 영어로 적절하게 표현한 문장을 고르세요.

1. 나는 그를 전송하기 위해 정거장에 갔다.
   ① I went to the station to see him off.
   ② I went to the station seeing him off.

2. 그들은 쉬기 위하여 잔디에 누웠다.
   ① They lay down on the grass to take a rest.
   ② They lay down on the grass taking a rest.

3. 그들은 다른 사람들을 깨우지 않으려고 느리게 움직였다.
   ① They moved slowly not waking others.
   ② They moved slowly not to wake others.

4. 우리는 그 일을 하기 위해 차량 한 대를 구입했다.
   ① We bought a car to do the job.
   ② We bought a car doing the job.

5. 그들은 우리를 기다리며 문 밖에 나와 있었다.
   ① They were out at the gate to wait for us.
   ② They were out at the gate waiting for us.

6. 나는 그 감정을 없애기 위해 보다 대범하게 말했다.
   ① I talked more freely to get rid of the feeling.
   ② I talked more freely getting rid of the feeling.

7. 도로를 횡단하는 중 그는 차에 부딪쳤다.
   ① To cross the street, he got hit by a car.
   ② Crossing the street, he got hit by a car.

- 다음 빈칸에 공통으로 들어갈 단어나 표현을 적으세요.

    1. **We tried very hard _____ to fail.**
       우리는 매우 열심히 했지만 수포로 돌아갔다.

       He hurried to the house _____ to find that it was empty.
       그는 집으로 달려갔지만, 결국 집은 비었다는 것을 알았을 뿐이다.

       I ran very fast _____ to be late for work.
       나는 매우 빨리 달렸으나 회사에 지각했다.

    2. **He grew up _____ a brave soldier.**
       그는 성장해서 용감한 군인이 되었다.

       He awoke _____ in a strange room.
       그가 깨어보니 낯선 방에 있었다.

- 우리말을 영어로 적절하게 표현한 문장을 고르세요.

    1. 그 탈주자들은 도망쳐서 동굴 속에 숨었다.
       ① The escapers ran away so as to hide in a cave.
       ② The escapers ran away hiding in a cave.
       ③ The escapers ran away only to hide in a cave.

    2. 그는 선생님과 대화하기 위해 기다렸다.
       ① He waited for his teacher to have a talk.
       ② He waited for his teacher only to have a talk.
       ③ He waited for his teacher having a talk.

Point 81
내가 '놀란 이유'는 부정사 때문이야

형용사를 수식하는 to부정사: 감정의 원인

형용사를 수식하는 것은 부사입니다. 따라서 to부정사도 형용사를 수식할 수 있습니다. to부정사가 특히 '감정'을 표현하는 형용사를 수식할 때 그 to부정사는 '감정의 원인'을 의미합니다. 따라서 감정형용사 뒤의 to부정사는 ~해서, ~ 때문에로 해석합니다.

- I'm <u>sorry</u> to trouble you.
  폐를 끼쳐 죄송합니다.

- I was very <u>glad</u> to see my father.
  나는 아버지를 보게 되어 매우 기뻤다.

- I am <u>happy</u> to accept your invitation.
  당신의 초대를 받아들이게 되어 기쁩니다.

- I'm <u>pleased</u> to hear the news.
  그런 소식을 들어서 기쁩니다.

- She was <u>surprised</u> to hear his failure.
  그녀는 그가 실패했다는 말을 듣고 놀랐다.

추측을 나타내는 must be나 cannot be 뒤에 형용사가 올 때 그 형용사를 수식하는 to부정사도 '판단의 원인, 이유'를 의미합니다.

- He must be wise <u>to do</u> such a thing.
  그렇게 행동하는 것을 보니 그는 틀림없이 현명하군요.

- He must be stupid <u>to break</u> his promise.
  그의 약속을 깨다니 참으로 어리석다.

- How careless he is <u>to do</u> such a thing!
  그런 일을 하다니 그는 조심성이 전혀 없군!

Point 82
가주어-진주어 구문, 쉬워? 어려워?

난이형용사는 가주어-진주어 구문과 함께

easy, difficult, hard, possible, impossible 등 쉬운, 어려운, 가능한, 불가능한 같은 의미를 가진 형용사들을 난이형용사라고 부릅니다. 이러한 난이형용사들은 원래 It is easy for A to B(A가 B하는 것은 쉽다)처럼 가주어(It), 진주어(to부정사)구문으로 쓰는 것이 일반적입니다.

- **It is not easy for us to learn English.**
  우리가 영어를 배우는 것은 쉽지 않다.

- **It is impossible for me to win him.**
  내가 그를 이기는 것은 불가능하다.

난이형용사의 주어

이러한 난이형용사 앞에는 명사가 주어로 올 수 없습니다. 이유는 '내가 그를 이기는 것은 불가능하다.'라는 말에서 '불가능하다'의 주어는 '나'가 아니고 '이기는 것'이기 때문입니다.

- **I am impossible to win him.** (X)

하지만 난이형용사 앞에 명사가 오는 경우 이 명사는 to부정사의 목적어가 주어 자리로 온 것이며, 이러한 경우에만 난이형용사 앞에 명사가 주어로 올 수 있습니다. 이때 명사는 목적어인 '~을'로 해석하는 것이 좋습니다.

- **English is not easy for us to learn.** (O)
  영어를 우리가 배우는 것은 쉽지 않습니다.

- **He is impossible for me to win.** (O)
  그를 내가 이기는 것은 불가능합니다.

연습문제 41

- 두 개의 보기 중에서 우리말에 맞는 영어 표현을 고르세요.

  1. 너의 회복 소식을 들어서 기뻐.
     I am glad [to hear / hearing] of your recovery.

  2. 내 말을 안 듣는 걸 보니 그는 분명 배려심 있는 사람은 아닌 것 같다.
     He must not be thoughtful [not to listen / not listening] to what I say.

  3. 나는 그가 다쳤다는 소식을 듣고 매우 놀랐다.
     I was very surprised [to hear / to hearing] the news that he had been wounded.

  4. 나는 사장한테 혼이 나서 부끄러웠다.
     I was ashamed [to be scolded / to being scolded].

  5. 네 팀이 졌다는 소식을 듣고 너무 충격받았어.
     I was so shocked [to hear / for hearing] about your team's defeat!

- 제시어를 빈칸에 배열해서 문장을 완성하세요.

  1. 그러한 말을 하는 것을 보니 그는 이기적인 게 틀림없다. [to, selfish, say, be]
     He must _____ such a thing.

  2. 나를 도와주는 것을 보니 그는 관대한 사람인 것 같다. [generous, to be, help, to]
     He seems _____ me.

  3. 그가 그렇게 말하는 것을 보니 화가 난 것 같다. [say, angry, to, be]
     He must _____ like that.

- 우리말을 영어로 적절하게 표현한 문장을 모두 고르세요.

    1. 내가 그녀를 즐겁게 해주는 것은 어렵다.

        ① She is hard for me to please.

        ② I am hard to please her.

    2. 이 큰 방은 난방하기가 어렵다.

        ① It's difficult to heat these big rooms.

        ② These big rooms are difficult of heating.

        ③ These big rooms are difficult to heat.

    3. 네 팀이 우리 팀한테 이기는 것은 불가능하다.

        ① Our team is impossible for your team to defeat.

        ② It is impossible for your team to defeat our team.

        ③ Your team is impossible to defeat our team.

- 다음 영어 문장을 의미가 같게 바꿔 쓰세요.

    1. 내가 하루 안에 그 일을 끝마치기란 불가능하다.

        It is impossible to finish the work in a day.

        → The work is_____.

    2. 그 선수가 홈런 치는 것은 쉬워 보인다.

        A home run is easy for the player to hit.

        → It is_____.

Point 83
to부정사 앞에도 주어를 쓸 수 있어요

to부정사의 의미상의 주어는 for를 사용!

to부정사는 앞에 주어가 필요할 때 의미상의 주어를 쓰는데, to부정사의 의미상 주어는 〈전치사 for + 목적격〉을 씁니다. 즉, to부정사 앞의 〈for + 명사〉는 주어처럼 '~은, 는, 이, 가'로 해석합니다.

- It is hard <u>for him</u> to solve the problem.
  그가 그 문제를 해결하는 것은 어렵다.

- It takes much time <u>for me</u> to read the book.
  나는 그 책을 읽는 데 많은 시간이 걸린다.

- <u>For our company</u> to survive, all must make an effort.
  우리 회사가 생존하기 위해서는 모두가 노력해야 합니다.

for 대신 of가 사용되는 경우

단, It is와 to부정사 사이에 '사람의 성격, 특성'을 표현하는 형용사가 있을 때는 for가 아니라 of를 써서 의미상의 주어를 표기합니다.

- It was kind <u>of you</u> to help him. 네가 그를 도운 것은 참 친절했다.

- It was rude <u>of him</u> to say that again.
  그가 그것을 다시 말한 것은 무례했다.

의미상의 주어를 반드시 써야 하는 것은 아닙니다. 문장 내의 주어와 부정사의 의미상의 주어가 일치할 때, 그리고 모든 사람에게 해당하는 내용일 때는 의미상의 주어를 생략합니다.

- The king wanted to conquer the whole world.
  그 왕은 (자신이) 전 세계를 정복하길 원했다.

- It is wrong to tell a lie.
  (어떤 사람이든) 거짓말하는 것은 잘못이다.

Point 84
동명사 앞에도 주어를 쓸 수 있어요

 ### 사람명사는 소유격으로

동명사의 경우에도 의미상의 주어가 필요할 때가 있으며 사람명사의 경우에는 소유격으로 표기합니다. 구어체에서는 소유격 대신 목적격으로 쓰기도 합니다.

- I'm sure of <u>his</u> passing the exam.
  나는 그가 시험에 합격하리라 확신한다.

- I don't like <u>Kelly's</u> coming to the party.
  나는 켈리가 파티에 오는 게 좋지 않아.

 ### 사물명사는 그대로

동명사의 의미상의 주어가 사물명사인 경우에는 사물명사를 그대로 쓰며 이를 '통격'이라고 부르기도 합니다.

- There is little chance of <u>the plane</u> being late.
  그 비행기가 늦을 가능성은 거의 없습니다.

- I dreamed of <u>my car</u> flying in the sky.
  나는 내 차가 하늘을 날아다니는 꿈을 꿨다.

동명사 역시 의미상의 주어가 주절의 주어나 목적어와 일치하는 경우, 또는 모든 사람에 해당하는 내용인 경우 의미상 주어를 생략합니다.

- I am sorry for giving you so much trouble.
  (제가) 너무 많은 폐를 끼쳐 제가 미안합니다.

- Walking fast is good exercise.
  (누구에게나) 빨리 걷는 것은 좋은 운동이다.

연습문제 42

- 다음 형용사들을 to부정사 앞에 의미상의 주어를 for로 표기하는 것과 of로 표기하는 것으로 구분하세요.

difficult	_____	brave	_____	careful	_____
hard	_____	foolish	_____	possible	_____
necessary	_____	impossible	_____	clever	_____
rude	_____	kind	_____	easy	_____
convenient	_____	smart	_____	generous	_____
polite	_____	important	_____	wise	_____
natural	_____	considerate	_____	careful	_____
safe	_____				

- 두 개의 보기 중에서 올바른 것을 고르세요.

1. It was nice [of you / for you] to carry the luggage.
   네가 그 짐을 들어준 것은 친절했다.

2. It is difficult [for me / of me] to learn the language.
   나는 그 언어 배우는 것이 너무 어렵다.

3. I am keen [for her / of her] to go to university.
   나는 그녀가 대학에 진학하길 너무 원한다.

4. It was considerate [of you / for you] not to play the piano.
   네가 피아노를 치지 않다니 사려 깊구나.

5. [For her / Of her] to win me, many people helped her work.
   그녀가 나를 이기게 하기 위해 많은 이들이 그녀의 일을 도왔다.

- 두 개의 보기 중에서 올바른 것을 고르세요.

1. [I / My] keeping a diary in English is not so difficult.
   내가 영어로 일기를 쓰는 것은 그렇게 어렵지 않다.

2. I am sorry for [you / your] not inviting us.
   나는 네가 우리를 초대하지 않아서 유감이야.

3. He doesn't mind [my / me] being late for work.
   그는 내가 늦게 출근하는 것을 개의치 않는다.

4. Have you ever heard of [me / my] speaking like that?
   내가 그렇게 말하는 것을 들어본 적이 있습니까?

5. They told us [a ship / a ship's] having been sunk in these waters.
   그들은 우리에게 배 한 척이 물속으로 침몰했다고 말했다.

6. He did not hear of [his success / his success's] being possible.
   그는 그의 성공이 가능하다는 이야기를 듣지 못했다.

7. There is a story behind [him / his] having become a clergyman.
   그가 목사가 된 데는 사연이 있다.

8. What use is there [us / our] getting into an argument over bygones?
   이제 와서 우리가 지난 일로 논쟁해봐야 무슨 소용이 있겠니?

9. [John / John's] slowly driving the car annoyed her.
   John이 느리게 운전을 해서 그녀는 짜증이 났다.

10. He insists on [the car / the car's] being washed every day.
    그는 차가 매일 세차되어야 한다고 고집한다.

부정사에도 시제가 있다

 완료부정사

부정사의 내용이 주절의 동사와 동시에 발생, 또는 나중에 발생한 경우 ⟨to + 동사원형⟩을 쓰고, 부정사의 내용이 주절의 동사보다 먼저 발생한 경우 to have p.p 형태를 쓰며 이를 완료부정사라고 합니다.

- **He seems to be ill.** 그는 아픈 것처럼 보인다.

  He seemed to be ill. 그는 아픈 것처럼 보였다.

- **He seems to have been ill.** 그는 아팠던 것처럼 보인다.

  He seemed to have been ill. 그는 아팠던 것처럼 보였다.

위의 두 문장은 주절의 동사인 seems, seemed와 동시 발생 상황이며, 아래의 두 문장은 주절의 동사보다 아팠던 것이 먼저 발생했습니다.

- **He seems to be angry with me now.**
  그는 지금 나한테 화가 난 것 같아. [동시 발생]

  He seems to be angry with me tomorrow.
  그는 내일 나한테 화낼 것 같아. [나중 발생]

  He seems to have been angry with me then.
  그는 그때 나한테 화가 났던 것 같아. [먼저 발생]

- **I am sorry to be late now.**
  제가 지금 늦어서 죄송합니다. [동시 발생]

  I am sorry to be late tomorrow.
  제가 내일 늦을 것 같아서 죄송합니다. [나중 발생]

  I am sorry to have been late for the last meeting.
  지난번 회의에 늦어서 죄송합니다. [먼저 발생]

Point 86
동명사에도 시제가 있다

 완료동명사

동명사도 to부정사와 마찬가지로 동시 발생, 또는 나중 발생인 경우에는 -ing 형태를 쓰지만, 주절의 동사보다 먼저 발생인 경우에는 having p.p를 쓰며 이를 완료동명사라고 합니다.

- **I am sure of her succeeding in the future.**
  나는 미래에 그녀가 성공하리라 확신한다. [나중 발생]

  I am sure of her having succeeded before.
  나는 전에 그녀가 성공했을 것이라 확신한다. [먼저 발생]

- **He is proud of being a famous artist.**
  그는 유명한 예술가라는 것을 자랑스럽게 생각한다. [동시 발생]

  He is proud of having been a famous artist.
  그는 (전에) 유명한 예술가였다는 점을 자랑스럽게 생각한다. [먼저 발생]

> 부정사와 동명사가 완료형일 때 앞선 시점을 의미하기 때문에 주로 역사적 인물이나 사건 등이 종속절에 나올 때에는 주절의 동사가 현재시제이면 부정사나 동명사는 완료형으로 쓰는 것이 일반적입니다.
>
> - Napoleon is said to have started his expedition to Egypt in 1798. 나폴레옹은 1798년에 이집트 원정에 나섰다고 한다.
> - Einstein is known to have established the theory of relativity. 아인슈타인이 상대성 이론을 설립했다고 알려져 있다.

아하~!
그렇구낭

연습문제 43

■ 우리말을 영어로 적절하게 표현한 문장을 고르세요.

1. 사람들은 그가 영어를 아주 열심히 공부하고 있다고 말했다.

   ① He was said to study English very hard.

   ② He was said to have studied English very hard.

2. 어제 그렇게 오래 기다리게 해서 죄송합니다.

   ① I'm sorry to keep you waiting so long yesterday.

   ② I'm sorry to have kept you waiting so long yesterday.

3. 그는 학창 시절에 열심히 공부했던 것 같다.

   ① He seems to work hard in his school days.

   ② He seems to have worked hard in his school days.

4. 우리는 그가 그 시험에 합격했을 것으로 예상한다.

   ① We expect him to succeed in the exam.

   ② We expect him to have succeeded in the exam.

5. '보물섬'의 저자인 Robert Louis Stevenson은 1850년에 태어난 것으로 알려져 있다.

   ① Robert Louis Stevenson, author of the Treasure Island, is known to have been born in 1850.

   ② Robert Louis Stevenson, author of the Treasure Island, is known to be born in 1850.

6. 그의 삼촌은 젊었을 때 하버드에서 교육을 받았다고 한다.

   ① His uncle is said to have been educated at Harvard when young.

   ② His uncle is said to be educated at Harvard when young.

- 두 개의 보기 중에서 우리말에 맞는 영어 표현을 고르세요.

  1. 그는 자신이 젊었을 때 게을렀던 것을 후회한다.
     He is sorry for [being / having been] idle in his youth.

  2. 그는 전에 자신이 직접 그것을 했다고 인정하고 있다.
     He admits [doing / having done] it himself before.

  3. 그가 석방될 가능성은 없습니다.
     There is no hope of his [being / having been] set free.

  4. 나는 네가 성공할 것이라고 확신해.
     I have no doubt of your [succeeding / having succeeded].

  5. 그는 자기가 체스에서 져본 적이 없다는 점을 자랑스러워한다.
     He is proud of never [being / having been] beaten at chess.

  6. 그는 공무원일 때 뇌물을 받은 것 때문에 기소되었다.
     He was accused of [taking / having taken] bribes in his public service.

  7. 그녀는 지금 슈퍼모델인 것을 자랑스러워한다.
     She is proud of [being / having been] a super model now.

  8. 그는 내가 산에 오르는 것에 반대했다.
     He objected to [climbing / having climbed] the mountain.

Point 87
부정사의 능동과 수동

부정사의 능동태와 수동태 예시

부정사는 동사를 변형한 것이기 때문에 동사처럼 능동태와 수동태로 쓸 수 있습니다.

종류	예시	
능동형	To steal	stealing
수동형	To be stolen	being stolen
완료 + 능동형	To have stolen	having stolen
완료 + 수동형	To have been stolen	having been stolen

- I expect you to sell the used car before long.
  저는 당신이 머지않아 그 중고차를 팔기를 기대합니다.

  I expect the used car to be sold before long.
  저는 그 중고차가 머지않아 팔리기를 기대합니다.

- To satisfy him, I changed my opinion.
  그를 만족시키기 위해 나는 의견을 바꿨다.

  To be satisfied with my job, I changed my mind at first.
  내 일에 만족을 느끼기 위해 나는 내 마음을 먼저 바꿨다.

- He pretends to have loved her before.
  그는 그녀를 전에 사랑했던 척한다.

  He pretends to have been loved by her before.
  그는 그녀에게 전에 사랑받았던 척한다.

Point 88
동명사의 능동과 수동

동명사의 능동태와 수동태 예시

동명사도 능동태와 수동태가 있으며 능동은 -ing, 수동은 being p.p를 씁니다. 수동이면서 완료형은 having been p.p입니다.

- **I don't like asking someone to make a speech.**
  나는 누군가에게 연설해달라고 요청하는 것을 좋아하지 않는다.

  I don't like being asked to make a speech.
  나는 연설하라는 요청을 받는 것을 좋아하지 않는다.

- **I don't mind having blamed him.**
  나는 그를 비난한 것을 신경 쓰지 않아.

  I don't mind having been blamed.
  나는 비난받은 것을 신경 쓰지 않아.

- **He is known for having organized the charity to help sick people.**
  그는 병자들을 돕기 위해 그 자선단체를 조직한 것으로 알려져 있다.

  The charity is known for having been organized to help sick people.
  그 자선단체는 병자들을 돕기 위해 조직된 것으로 알려져 있다.

need 뒤에는 수동의 의미라고 해도 동명사는 -ing(능동형)를 씁니다.
- The car needs being repaired. (X)
  The car needs repairing. (O)
  그 차는 수리될 필요가 있다.

연습문제 44

- 두 개의 보기 중에서 우리말에 맞는 영어 표현을 고르세요.

  1. 나는 그들의 파티에 초대받고 싶다.
     I'd like [to invite / to be invited] to their party

  2. 그는 정오까지 사무실이 청소되어야 한다고 말했다.
     He ordered the office [to clean / to be cleaned] by noon.

  3. 그는 누군가에게 사기를 당했다고 인정했다.
     He admitted [having cheated / having been cheated] by someone.

  4. 그는 정오까지는 이곳에 도착해야 한다.
     He ought [to arrive / to be arrived] here.

  5. 그 산의 정상은 여기서는 보이지 않는다.
     The top of the mountain is not [to see / to be seen] from here.

  6. 나는 다른 팀으로 전출되기를 희망했다.
     I hoped [to transfer / to be transferred] to another team.

  7. 6시에 회담이 개최될 것입니다.
     There is a conference [to hold / to be held] at six.

  8. 네가 실망을 할까 봐 걱정할 필요는 없다.
     You need not be afraid of [disappointing / being disappointed].

■ 두 개의 보기 중에서 올바른 것을 고르세요.

1. She is afraid of [robbing of / being robbed of].
   그녀는 강도를 당할까 봐 두려워한다.

2. I'm sorry for [making / being made] such a noise last night.
   간밤에 그렇게 소란을 피워 죄송합니다.

3. He insists upon her [accepting / being accepted] as a member.
   그는 그녀가 구성원으로 받아들여져야 한다고 주장한다.

4. She doesn't mind [disturbing / being disturbed].
   그녀는 방해받는 것을 신경 쓰지 않는다.

5. I objected to the house [selling / being sold].
   나는 그 집이 팔리는 거에 반대해.

■ 우리말을 영어로 바꾼 다음 문장을 보고 올바른 문장인지 틀린 문장인지 적으세요.

그 집은 우리가 입주하기 전에 페인트칠을 할 필요가 있다.

1. The house needs painting before we move in. (   )

2. The house needs being painted before we move in. (   )

3. The house needs to paint before we move in. (   )

4. The house needs being painting before we move in. (   )

분사

부정사의 생성 배경은 '동사를 명사로 사용하기 위해서 동사 앞에 to를 붙여서 사용한 것'입니다. 하지만 그전부터 존재했던 전치사 to와의 충돌을 피하기 위해서 동명사를 사용하게 되었습니다. 영어 자체가 진화하면서 부정사는 명사, 형용사, 부사적 용법으로 발전하게 되긴 했지만, 결국 부정사나 동명사나 둘 다 '동사를 명사로 사용하기 위해서' 탄생한 것이라 보면 됩니다.

이 단원에서 배울 분사는 '동사를 형용사로 사용하기 위해서 만든 것'입니다. 하지만 역시 영어 자체가 진화하면서 분사 또한 복잡하게 발전하여 '동사의 진행형'이나 '수동태'가 만들어지기도 하고, 분사구문이라는 것도 생겼습니다. 따라서 분사는 문장 속에서 동사, 형용사, 부사(분사구문의 경우)의 역할을 한다고 보면 됩니다.

Chapter 7

Point 89
빗속을 '걷고 있는' 그 여자

능동과 진행의 현재분사

분사는 형용사 역할을 하여 명사를 수식합니다. 분사는 현재분사와 과거분사가 있는데, 현재분사는 주로 '능동'과 '진행'의 의미를 가지며, 과거분사는 주로 '수동'과 '완료'의 의미를 가집니다. 분사는 다음과 같이 명사 앞이나 뒤에서 명사를 수식할 수 있으며 아래의 현재분사들은 모두 진행 또는 능동의 의미를 가집니다.

- **Look at that running man.**
  저 달리고 있는 남자를 봐봐.

- **Do you know that girl dancing in the hall?**
  홀에서 춤추고 있는 저 소녀를 아십니까?

- **The man standing over there is my father.**
  저기 서 있는 남자는 나의 아버지이다.

- **He jumped into the waiting taxi.**
  그는 대기하고 있는 택시에 뛰어 올랐다.

- **She opened the letter with her trembling hands.**
  그녀는 떨리는 손으로 그 편지를 뜯었다.

- **The barking dog is mine.**
  짖고 있는 개는 나의 개이다.

- **The book lying on the table is Mary's.**
  탁자 위에 놓여 있는 책은 Mary의 것이다.

- **There was a lady reading a magazine in the room.**
  방에는 잡지를 읽고 있는 한 숙녀가 있었다.

- **What do you think of the girl wearing glasses?**
  안경을 쓰고 있는 저 소녀를 어떻게 생각하니?

Point 90
눈 '덮인' 그 길을 걸었네

 수동과 완료의 현재분사

과거분사는 보통 동사 뒤에 -ed를 붙이며, '수동' 및 '완료'의 의미를 표현합니다. 과거분사 역시 형용사 역할을 하기 때문에 명사 앞뒤에서 명사를 수식할 수 있습니다. 능동은 동사를 직접 주어가 했을 때를 말하며 수동은 그 동사를 주어가 하지 않았을 때를 말합니다.

- **The wounded soldiers were carried to the hospital.**
  부상당한 군인들은 병원으로 후송되었다.

- **The car repaired by her is mine.**
  그녀에 의해 수리된 차가 내 차이다.

- **I didn't open the letter sent to me yesterday.**
  나는 어제 내게 보내진 편지를 뜯지도 않았다.

- **I bought a car made in Japan.**
  나는 일본에서 만들어진 자동차를 한 대 샀다.

- **The novel written by Hemingway is interesting.**
  헤밍웨이에 의해 쓰인 그 소설은 재미있다.

- **I don't like the streets crowded with cars and buses.**
  나는 차들과 버스로 붐비는 거리들이 싫다.

- **The house painted white is the place where I lived.**
  흰색으로 페인트칠된 그 집이 내가 살았던 곳입니다.

- **I would like to climb the mountain covered with snow.**
  난 눈으로 덮여 있는 저 산에 올라가보고 싶다.

- **The car washed yesterday is now dirty.**
  어제 세차된 그 차가 지금은 지저분하다.

연습문제 45

- 우리말에 맞는 표현을 고르세요.

1. 팔리게 된	selling	**sold**	
2. 닫혀 있는	close	**closed**	
3. 가르치는	**teaching**	taught	
4. 보내는	**sending**	sent	
5. 보고 있는	**seeing**	seen	
6. 만들어진	making	**made**	
7. 알고 있는	**knowing**	known	
8. 구성된	composing	**composed**	
9. 기대하는	**expecting**	expected	
10. 붙잡힌	catching	**caught**	
11. 구매된	buying	**bought**	
12. 제공하는	**serving**	served	
13. 완료된	finishing	**finished**	
14. 오르고 있는	**rising**	risen	
15. 성장하고 있는	**growing**	grown	
16. 둘러싸고 있는	**surrounding**	surrounded	
17. 잊힌	forgetting	**forgotten**	
18. 일어서 있는	**standing**	stood	
19. 읽히는	reading	**read**	
20. 발견된	discovering	**discovered**	
21. 판단된	judging	**judged**	
22. 피하고 있는	**avoiding**	avoided	
23. 도난당한	stealing	**stolen**	
24. 냉동된	freezing	**frozen**	
25. 떠나는	**leaving**	left	

■ 두 개의 보기 중에서 우리말에 맞는 영어 표현을 고르세요.

1. 노동자들은 그들의 의도된 파업을 취소하기로 결정했다.
   The workers decided to call off their [intended / intending] strike.

2. 경찰은 차고에 숨겨져 있는 돈을 발견했다.
   The police found the money [hiding / hidden] in the garage.

3. 최근에 개발된 엔진은 10퍼센트 연료 절감 효과가 있을 것이다.
   The recently [developing / developed] engine will save us 10 percent of fuel.

4. 그들은 그 아이의 그림을 보고 감탄했다.
   They admired the picture [painting / painted] by the child.

5. 나는 캘리포니아에서 오렌지를 재배하는 친구가 있다.
   I have a friend [growing / grown] oranges in California.

6. 미국에서 한국음식에 대한 수요가 증가하고 있다.
   In America, it is a [growing / grown] demand for Korean food.

7. 그들은 완제품을 철저히 검사했다.
   They inspected the [finishing / finished] products thoroughly.

8. 도난당했던 몇 대의 차가 경찰에 의해 발견되었다.
   Some [stealing / stolen] cars were found by the police.

be동사 뒤에 현재분사가 오면?

 진행형

분사는 형용사 역할을 한다고 배웠는데, 형용사는 문장에서 be동사 뒤에서도 쓰입니다. 그래서 분사 역시 be동사 뒤에 올 수 있으며, 이때 현재분사가 쓰이면 be -ing의 진행형이 되며 과거분사가 쓰이면 be p.p의 수동태가 됩니다. 다음은 현재분사가 be동사 뒤에 와서 진행형이 된 문장들입니다.

- **He is watching TV in the living room.**
  그는 거실에서 TV를 보고 있다.

- **I was cooking in the kitchen then.**
  나는 그때 부엌에서 요리를 하고 있었다.

- **She was sleeping when I saw her.**
  내가 그녀를 보았을 때 그녀는 잠자고 있었다.

- **My father is making a model plane in the room.**
  아버지는 방에서 모형 비행기를 만들고 계신다.

- **She was looking out of the window.**
  그녀는 창 밖을 내다보고 있었다.

- **The boys were running toward their school.**
  그 소년들은 학교를 향해 달리는 중이었다.

- **He was leaning against the wall.**
  그는 벽에 기대어 있다.

- **The girl was looking at the picture.**
  그 소녀는 그림을 보고 있었다.

- **They are watching the game on TV.**
  그들은 TV로 게임을 보고 있다.

Point 92
be동사 뒤에 과거분사가 오면?

수동태

과거분사인 p.p도 be동사 뒤에 올 수 있으며, 이러한 be p.p를 수동태라고 합니다. 이러한 수동태는 주로 '수동' 또는 '완료'의 의미를 가지고 있습니다. 수동태는 시제에 따라 형태가 다릅니다. 수동태는 주로 be p.p를 쓰지만 get [become, grow] p.p 형태로 쓰기도 합니다.

	능동	수동
현재	builds	is built
현재진행	is building	is being built
과거	built	was built
현재완료	has built	has been built
미래	will build	will be built

- **The house is built by the company.** [현재 수동]
  그 집은 그 회사에 의해 지어진다.

- **The house is being built by the company.** [현재진행 수동]
  그 집은 그 회사에 의해 지어지고 있다.

- **The house was built by the company.** [과거 수동]
  그 집은 그 회사에 의해 지어졌다.

- **The house has been built by the company.** [현재완료 수동]
  그 집은 그 회사에 의해 지어져왔다.

- **The house will be built by the company.** [미래 수동]
  그 집은 그 회사에 의해 지어질 것이다.

연습문제 46

■ 우리말에 맞는 표현을 고르세요.

1. 청소하는	cleaning	cleaned
2. 해결된	solving	solved
3. 가득 찬	filling	filled
4. 흔들리고 있는	shaking	shaken
5. 교정된	correcting	corrected
6. 부상당한	wounding	wounded
7. 유래된	deriving	derived
8. 비난하는	blaming	blamed
9. 믿고 있는	believing	believed
10. 다가오는	approaching	approached
11. 논의되는	discussing	discussed
12. 물린	biting	bitten

■ 두 개의 보기 중에서 우리말에 맞는 영어 표현을 고르세요.

1. 버터는 냉장고에 보관되어 있다.

   The butter is [keeping / kept] in the refrigerator.

2. 그 남자는 집에 가는 도중에 돈을 강탈당했다.

   The man was [robbing / robbed] of his money on his way home.

3. 내가 그곳에 갔을 때 무엇인가가 타고 있었다.

   When I went there, something was [burning / burned].

4. 그의 소설은 영어로 쓰여졌다.

   His novel was [writing / written] in English.

- 두 개의 보기 중에서 우리말에 맞는 영어 표현을 고르세요.

  1. 그의 새 소설은 지금 인쇄 중이다.
     His new novel [is being printed / is being printing] now.

  2. 그는 너를 오래 기다릴 것 같다.
     He [will wait / will be waited] for you for a long time.

  3. 턱수염이 있는 한 남자가 네 아파트에 들어갔어.
     A man with a beard [went / was gone] into your apartment.

  4. 내 자동차 열쇠가 분실되었는데 나중에 내 아내에 의해 발견되었다.
     My car key got lost, but [was found / was finding] later by my wife.

  5. 모든 학생들이 그 세미나에 초대될 것이다.
     All the students [will invite / will be invited] to the seminar.

  6. 나는 그녀와 결혼하는 것을 계획하고 있다.
     I am [planning / planned] to get married to her.

  7. 그 자전거는 그 수리센터에서 고쳐진 것이다.
     The bike was [repairing / repaired] at the repair shop.

- 밑줄 친 부분을 바르게 고쳐 쓰세요.

  1. Your report should finish by noon. (   )
     당신의 보고서는 정오까지 완료되어야 합니다.

  2. This fact must not forget (   )
     이 사실이 잊혀지면 안 됩니다.

실망한 거야? 실망시킨 거야? 1

 감정동사의 현재분사와 과거분사의 의미 차이 1

사람의 감정을 표현하는 동사들은 대부분 '~하게 만들다, ~하게 하다' 라는 능동의 의미를 가지고 있습니다. 예를 들어서 surprise는 '~를 놀라게 만들다'라는 뜻이기 때문에 이를 현재분사인 surprising으로 쓰면 '놀라게 만드는, 놀라게 하는'이라는 뜻이며 surprised의 과거분사는 '놀라게 된, 놀라움을 느낀'이라는 뜻입니다.

(1) 놀라움

- **surprising, astonishing, amazing, shocking, alarming**
  놀라게 하는, 놀라게 만드는

  surprised, astonished, amazed, shocked, alarmed
  놀란, 놀라움을 느낀

(2) 당황

- **embarrassing, confusing, puzzling**
  당황스럽게 하는, 당황스럽게 만드는

  embarrassed, confused, puzzled
  당황을 느낀, 당황해하는

(3) 즐거움

- **amusing, pleasing, delighting**
  즐겁게 하는, 즐거움을 주는

  amused, pleased, delighted
  즐거움을 느낀, 즐겁게 된

Point 94
실망한 거야? 실망시킨 거야? 2

감정동사의 현재분사와 과거분사의 의미 차이 2

계속해서 감정동사의 능동과 수동형 그리고 각각의 의미를 보겠습니다.

(1) 우울, 실망

- **depressing, disappointing, discouraging**
  우울하게 만드는, 우울함을 주는, 실망스럽게 만드는

  depressed, disappointed, discouraged
  우울함을 느낀, 우울해하는

(2) 지루함

- **boring**
  지루하게 만드는, 지루하게 하는

  bored
  지루함을 느낀, 지루해하는

(3) 짜증, 분노

- **annoying**
  짜증나게 만드는, 짜증나게 하는

  annoyed
  짜증을 느낀, 짜증나게 된

(4) 편안함

- **relaxing**
  편안하게 하는, 편안하게 만드는

  relaxed
  편안함을 느낀, 편안하게 된

(5) 만족

- **satisfying**
  만족을 주는, 만족스럽게 만드는

  satisfied
  만족을 느낀, 만족하게 된

연습문제 47

■ 밑줄 친 우리말에 맞는 표현을 고르세요.

1. <u>만족스러운</u> 결과	satisfying	satisfied
2. <u>재미있어하는</u> 아이들	exciting	excited
3. <u>피곤하게 만드는</u> 일	tiring	tired
4. <u>겁먹은</u> 사람들	frightening	frightened
5. <u>지루한</u> 영화	boring	bored
6. <u>신경질이 난</u> 고객	irritating	irritated
7. <u>혼란스러운</u> 상황	confusing	confused
8. <u>안도하는</u> 사람들	relieving	relieved
9. <u>만족한</u> 고객	satisfying	satisfied
10. <u>기쁘게 만드는</u> 서비스	pleasing	pleased
11. <u>놀란</u> 사람들	surprising	surprised
12. <u>겁먹은</u> 아이	scaring	scared
13. <u>실망스러운</u> 결과	disappointing	disappointed
14. <u>우울한</u> 상황	depressing	depressed
15. <u>짜증나게 하는</u> 사람	annoying	annoyed
16. <u>충격적인</u> 상황	shocking	shocked
17. <u>실망한</u> 선수	discouraging	discouraged
18. <u>재미있는</u> 이야기	interesting	interested
19. <u>당황스러운</u> 발언	embarrassing	embarrassed
20. <u>당황한</u> 직원	puzzling	puzzled
21. <u>즐거운</u> 추측	delighting	delighted
22. <u>놀라운</u> 홈런	amazing	amazed
23. <u>무서운</u> 영화	horrifying	horrified

- 두 개의 보기 중에서 우리말에 맞는 영어 표현을 고르세요.

  1. 그에 대한 재미있는 이야기가 있다.

     There is an [interesting / interested] story about him.

  2. 그들은 결과에 만족하고 집으로 갔다.

     They went home [satisfying / satisfied] with the results.

  3. 우리는 놀라운 잠재력을 이용할 수 있다.

     We can make use of the [amazing / amazed] potential.

  4. 간단히 말하면 그 책은 재미있다.

     To make a long story short, the book is [interesting / interested].

  5. 그 이야기는 너무나 충격적이었다.

     The story was so [shocking / shocked].

  6. 너는 엄청 실망하게 될 거야.

     You will be greatly [disappointing / disappointed].

  7. 버스에 타고 있던 사람들은 전부 놀랐다.

     The people on the bus were all [surprising / surprised].

  8. 나는 비행기 타고 가는 게 너무 두렵다.

     I'm [scaring / scared] to travel by a plane.

  9. 나는 안심할 수 없다.

     I cannot feel [relieving / relieved].

  10. 나는 너무 지쳐서 더 이상 걸을 수 없었다.

      I was too [tiring / tired] to walk any longer.

분사구문은 왜 필요한가요?

 분사구문을 만드는 방법

분사구문을 이해하기 위해 다음의 문장을 보겠습니다.

- <u>While I was walking</u>, <u>I talked with her</u>.
  종속절   주절

이 문장에서 While로 시작하는 종속절과 I로 시작하는 주절이 있는데, 종속절과 주절의 주어가 둘 다 I로 일치합니다. 이때 문장을 짧게 표기하기 위해 종속절의 주어인 I를 생략합니다. 그러면 다음의 문장이 됩니다.

➔ While was walking, I talked with her.

이때 주어가 빠져 was walking이라는 동사만 남는데, 동사는 주어가 없으면 쓸 수 없습니다. 따라서 was라는 동사도 생략하면 아래 문장이 됩니다.

➔ (While) walking, I talked with her.

앞에 오는 접속사 While은 써도 되고, 생략해도 됩니다. 이와 같이 종속절의 주어와 동사를 생략하고 현재분사로 시작하는 구문을 분사구문이라고 합니다.

- When I walked, I met her.

이 문장에서 일치하는 주어인 I를 생략하면, When walked, I met her. 가 되는데 이때 walked라는 동사를 현재분사로 고치면 아래의 분사구문이 됩니다.

➔ Walking, I met her.

214

Point 96
ing가 없어도 분사구문이라고?

Being의 생략

분사구문은 원래 항상 동사를 -ing로 변경합니다.

- **Because I was wounded, I called the police.**
  나는 부상당했기 때문에 경찰에 전화를 걸었다.

이를 분사구문으로 바꿀 때 wounded를 wounding으로 고칠 수가 없는데, wounded는 과거분사이지 동사가 아니기 때문입니다. 따라서 was라는 be동사를 being으로 고칩니다.

> **Being wounded, I called the police.**

이와 같이 종속절의 동사가 be동사인 경우에는 분사구문이 Being p.p 또는 〈Being + 형용사〉의 형태가 되는데요, 이때 Being으로 시작하는 분사구문에서 Being은 생략할 수 있습니다.

- **Wounded, I called the police.**
- **Poor, I depended on him very much.**

즉, 분사구문은 원래 -ing로 시작하지만, being을 생략한 형태인 p.p와 형용사 그리고 comma가 함께 문장 앞뒤에 오는 형태도 분사구문입니다.

- 밑줄 친 부분을 분사구문으로 고치세요.

1. <u>While I was walking along the street</u>, I met him.

    = _____, I met him.
    내가 길을 걷고 있는 동안 그를 만났다.

2. <u>If you turn to the right</u>, you will find the church.

    = _____, you will find the church.
    오른쪽으로 돌면, 당신은 교회를 찾게 될 것입니다.

3. <u>As he was poor</u>, he couldn't go to school.

    = _____, he couldn't go to school.
    가난해서 그는 학교에 갈 수 없었다.

4. <u>As it was written in easy English</u>, the book is good for beginners.

    = _____, the book is good for beginners.
    쉬운 영어로 쓰여 있어서, 그 책은 초보자들에게 좋다.

5. <u>When he crossed the street</u>, he got hit by a car.

    = _____, he got hit by a car.
    그가 길을 건널 때 차에 치었다.

6. <u>Because he was born in a poor family</u>, he could not go to college.

    = _____, he could not go to college.
    그는 가난한 가정에서 태어나서 학교에 갈 수 없었다.

- 밑줄 친 부분을 분사구문으로 표현하세요.

  1. <u>학교를 떠나면서</u>, 그녀는 서럽게 울었다.
     _____, she wept bitterly.

  2. <u>급하게 인쇄됐기 때문에</u> 이 책에는 인쇄 잘못이 많다.
     _____, this book has many misprints.

  3. <u>병들고 가난하지만</u> 그는 언제나 미소를 짓고 있다.
     _____, he is always smiling.

  4. <u>과중한 일을 견딜 수 없어서</u> 그는 사임했다.
     _____, he resigned his post.

  5. <u>그는 아파서</u> 회의에 참석할 수 없었다.
     _____, he couldn't attend the meeting.

  6. <u>어찌할 바를 몰라</u>, 나는 그의 조언을 구했다.
     _____, I asked for his advice.

  7. <u>힘든 일로 지쳤기 때문에</u> 나는 일찍 잠자리에 들었다.
     _____, I went to bed early.

바지가 산에 올라가게 만들지 마세요

 분사구문을 만들 때 틀리기 쉬운 점

분사구문은 주절의 주어와 종속절의 동사가 일치할 때만 가능합니다.

- **Climbing up the mountain, my pants got dirty.** (X)
  그 산에 올라가면서 내 바지가 더러워졌다.

이 문장은 Climbing과 comma가 함께 쓰인 분사구문인데 climbing 의 주어가 my pants가 될 수 없습니다. '내 바지가 산에 올라가면서'는 의미상 부적절하기 때문입니다. 이 분사구문은 틀린 문장입니다.

- **Being open, my room was very cool.** (X)
  내 방이 열려 있어서 매우 시원했다.

이 문장 역시 맞는 문장처럼 보이지만 틀린 문장입니다. Being open 앞에 생략된 주어가 my room인데, '방이 열려 있는'은 틀린 표현이기 때문입니다. 즉, being open 앞에 생략된 주어는 '방문' 또는 '창문'이 되어야 맞습니다. 이와 같이 의미상 주어가 다른 경우에 분사구문 앞에 의미상 주어를 그냥 표기하기도 합니다.

- **A window being open, my room was very cool.** (O)

이 문장은 being open 앞에 A window라는 의미상 주어를 표기한 것입니다.

- **It being fine, we took a walk.**
  날씨가 좋아서 우리는 산책을 했다.

이 문장에서 being fine의 주어는 we가 아니라 '날씨'가 되어야 하기 때문에 날씨 표현의 it을 분사구문 앞에 넣은 것입니다.

분사구문도 능동과 수동이 있다

 분사구문의 능동과 수동 구분하기

분사구문에서 being은 생략될 수 있기 때문에 being 뒤에 오는 p.p와 형용사가 분사구문 앞에 올 수 있다고 배웠습니다. 따라서 -ing로 시작하면 이는 주어와 능동관계이며 분사구문이 being p.p나 p.p로 시작하면 수동관계이기 때문에 이를 잘 구분해야 합니다.

(1) 능동 표현 분사구문

- **Cooking**, she always whistles.
  그녀는 요리할 때 언제나 휘파람을 분다.
- **Returning** there, he seemed to be tired very much.
  그곳에 돌아올 때 그는 매우 피곤해 보였다.

(2) 수동 표현 분사구문

- **Invited** to the party, she was very happy.
  파티에 초대받아서 그녀는 매우 행복했다.
- **Tired** with the hard work, I didn't say a word.
  힘든 일로 지쳐서 나는 한 마디도 하지 못했다.
- **Left** alone, she began to cry.
  그녀는 혼자 남겨져서 울기 시작했다.
- **Seen** from the plane, the island was beautiful.
  비행기에서 내려다보인 그 섬은 아름다웠다.
- **Bombed** during the last attack, the city lost one of its famous buildings.
  지난 공격에서 폭격을 당하여 그 도시는 유명한 건물 중 하나를 잃었다.

연습문제 49

- 우리말을 영어로 적절하게 표현한 문장을 고르세요.

    1. 그녀와 대화할 때 내 심장은 크게 두근거렸다.

        ① Talking with her, My heart was pounding so hard.

        ② While I was talking with her, My heart was pounding so hard.

    2. 버스가 없어서 우리는 집에 걸어가야만 했다.

        ① There being no bus service, we had to walk home.

        ② Being no bus service, we had to walk home.

    3. 일요일이기 때문에 문을 연 학교는 없었다.

        ① Being Sunday, there was no school.

        ② It being Sunday, there was no school.

    4. 밤이 되었기 때문에 우리는 야영지로 향하였다.

        ① Night coming on, we started for the camp.

        ② Coming on, we started for the camp.

- 다음 문장이 올바른 문장인지 틀린 문장인지 적으세요.

    1. Having slept well the night before, I felt much better. (   )

    2. Coming back home, his car missed. (   )

    3. Having cleaned the room, all things seemed good. (   )

    4. Having made an obvious mistake, he still refused admitting it.
       (   )

    5. Being rainy yesterday, we didn't go there. (   )

    6. Having prepared for the exam well, his grades were good.
       (   )

■ 두 개의 보기 중에서 우리말에 맞는 영어 표현을 고르세요.

1. 그녀와 헤어지지 않기 위해 그는 많은 선물을 사주었다.

   Not [wanting / wanted] to break with her, He bought her many gifts.

2. 신년 초하루에 열리는 로즈 볼 경기는 가장 오래된 대학 미식축구 경기이다.

   [Holding / Held] on New Year's Day, the Rose Bowl is the oldest collegiate football game.

3. 그는 손으로 머리를 보호하고 문 밖으로 달려 나갔다.

   He ran out of the door, [protecting / protected] his head with his hands.

4. 너무 실망해서, 그는 그녀를 만나지 않기로 했다.

   Much [disappointing / disappointed], he decided not to meet her.

5. 비록 일에 만족했지만 그는 직업을 바꾸기로 했다.

   Though [satisfying / satisfied] with the work, he decided to change his job.

6. 심한 부상을 당해서 그는 병원으로 보내졌다.

   Seriously [wounding / wounded], he was sent to a hospital.

7. 운전을 잘해서 그는 쉽게 취업을 했다.

   [Driving / Driven] well, he could find a job.

8. 어제 망가진 그 기계는 버려져야만 한다.

   [Breaking / Broken] down yesterday, the machine has to be thrown away.

분사구문, 해석할 때 신경 좀 써야겠는데?

분사구문의 여러 가지 의미

분사구문 앞에는 접속사가 쓰이는 경우도 있지만, 대부분 생략되기 때문에 그 분사구문을 해석할 때에는 문맥상으로 파악해야 합니다.

- **Approaching** the station, I called him up. [동시 발생]
  그 역에 다가가면서 나는 그에게 전화를 했다.

- **Having** a slight headache, I went to bed early. [이유]
  머리가 조금 아파서 나는 일찍 잤다.

- **Turning** to the left, you will see the building. [조건, 가정]
  왼쪽으로 돌면 당신이 찾는 건물이 보일 겁니다.

- **Being** invited to the party, she did not come. [양보]
  파티에 초대를 받았지만 그녀는 오지 않았다.

분사구문에서 가장 많이 해석되는 것은 '동시 발생' 상황이며 '~하면서' 또는 '~할 때'로 해석합니다. 이는 분사구문과 주절의 동사가 동시에 발생했음을 의미합니다.

- Looking up, we saw a plane flying over the house.
  위를 바라보았을 때 우리는 집 위를 날고 있는 비행기를 보았다.
- Fighting in China, he was taken prisoner.
  그는 중국에서 전투하다가 포로로 잡혔다.
- Knowing the danger, they pushed on.
  그들은 위험을 알면서도 계속 나아갔다.
- Living next door, I often met her.
  옆집에 살면서 나는 그녀를 자주 만났다.

Point 100
밥을 먹고 '나서' 이를 닦아야지

완료분사구문의 해석

-ing의 분사구문은 주로 '동시 발생'을 의미하는데, 만일 분사구문이 주절의 동사보다 '먼저 발생'한 상황일 때에는 분사구문이 Having p.p로 시작하며 이를 '완료분사구문'이라고 합니다. 즉, Having p.p는 '~한 후' 또는 '~하고 나서'로 번역하면 됩니다.

- **Being sure of their victory, they were delighted.**
  승리를 확신하면서 그들은 기뻐했다.

  Having been sure of their victory, they were delighted.
  승리를 확신하고 나서 그들은 기뻐했다.

- **Singing together, they danced round and round.**
  함께 노래를 부르면서 그들은 춤을 추었다.

  Having sung together, they danced round and round.
  함께 노래를 부르고 나서 그들은 춤을 추었다.

- **Living in Korea, he got married to her.**
  한국에서 살 때 그는 그녀와 결혼했다.

  Having lived in Korea, he got married to her.
  전에 한국에서 살았던 그는 그녀와 결혼했다.

- **She, hearing a strange noise, went downstairs.**
  이상한 소리를 들으면서 그녀는 계단을 내려갔다.

  She, having heard a strange noise, went downstairs.
  이상한 소리를 들은 후 그녀는 계단을 내려갔다.

연습문제 50

- 우리말을 영어로 적절하게 표현한 문장을 고르세요.

1. 내가 하는 모든 일에 흥미가 있어서, 그녀는 나에게 매일 전화를 한다.
   ① Being interested in all I do, she calls me everyday.
   ② Having been interested in all I do, she calls me everyday.

2. 그가 옳다는 것을 인정은 하지만, 그를 용서할 수는 없다.
   ① Admitting he is right, I cannot forgive him.
   ② Having admitted he is right, I cannot forgive him.

3. 그 일을 끝낸 후에야 나는 잠자리에 들 수 있었다.
   ① Finished the work, I could go to bed.
   ② Having finished the work, I could go to bed.

4. TV를 끄고 나서 그는 소파에 앉았다.
   ① Turning off the TV, he sat on the sofa.
   ② Having turned off the TV, he sat on the sofa.

5. 오래 걷고 지친 상태로 그는 누워버렸다.
   ① Exhausted after a long walk, he lay down.
   ② Having exhausted after a long walk, he lay down.

6. 전에 프랑스에서 교육을 받았기 때문에 그녀는 프랑스어를 매우 잘한다.
   ① Educated in France before, she is a good speaker of French.
   ② Having been educated in France before, she is a good speaker of French.

■ 두 개의 보기 중에서 우리말에 맞는 영어 표현을 고르세요.

1. 대학 입학시험을 끝내고 나니 나는 마치 새처럼 날 수 있을 것 같았다.
   [Finishing / Having finished] the university entrance examination, I felt as if I could fly like a bird.

2. 그녀는 독일에서 어린 시절을 보냈기 때문에 독일어를 어느 정도는 말할 줄 안다.
   [Spending / Having spent] her childhood in Germany, she is able to speak German.

3. 그 소설을 읽은 후 나는 그녀에게 추천했다.
   [Reading / Having read] the novel, I recommended it to her.

4. 음식을 다 먹은 후 나는 설거지를 했다.
   [Eating / Having eaten] all food, I did the dishes.

5. 그는 커피를 마신 후 그 컵을 닦아두었다.
   [Drinking / Having drunk] the coffee, he washed the cup and put it away.

6. 사람들 앞에서 그를 비난한 후 그녀는 후회했다.
   [Blaming / having blamed] him in public. she regretted it.

7. 오랜 항해 끝에 그들은 신세계에 도달했다.
   [Sailing / Having sailed] a long time, they got to the New World.

8. 전에 해변에 살았지만, 그는 수영을 못한다.
   [Living / Having lived] on the seashore, he cannot swim.

9. 그녀와 결혼을 한 후 그는 매우 후회했다.
   [Getting / Having got] married to her, he regretted it very much.

225

정답

Chapter 01 동사의 기초

연습문제 01

- 빈칸에 적절한 be동사의 현재형을 쓰세요.
  1. is 2. am 3. are
  4. is 5. are 6. are
- 우리말과 같은 뜻이 되도록 빈칸을 채우세요.
  1. are 2. is 3. are
  4. is 5. are 6. am
  7. is
- 우리말과 같은 뜻이 되도록 빈칸을 채우세요.
  1. is 2. is 3. is
  4. is 5. are 6. is
  7. is
- 두 개의 보기 중에서 올바른 것을 고르세요.
  1. is 2. are 3. is 4. is

연습문제 02

- 우리말과 같은 뜻이 되도록 빈칸을 채우세요.
  1. was 2. was 3. were
  4. was 5. was 6. was
  7. were
- 두 개의 보기 중에서 올바른 것을 고르세요.
  1. was 2. was 3. were
  4. was 5. were
- 두 개의 보기 중에서 올바른 것을 고르세요.
  1. are 2. is 3. were
  4. was 5. are 6. is
  7. is 8. is
- 빈칸에 적절한 단어를 쓰세요.
  1. is 2. was 3. is
  4. were 5. are

연습문제 03

- 다음 문장을 부정문으로 바꿔 쓰세요.
  1. I am not a businessman from Korea.
  2. Tom was not with his girlfriend.
  3. Some people are not at the museum.
  4. They are not the best players in our team.
  5. The movie is not very interesting.
  6. She was not disappointed at the news.
  7. The baseball player was not from America.

- 다음 밑줄 친 부분을 축약형으로 바꿔 쓰세요.
  1. isn't 2. aren't 3. isn't
  4. weren't 5. weren't
- 다음 문장을 부정문으로 바꿔 쓰세요.
  1. He does not study very hard nowadays.
  2. I did not work in the hospital last year.
  3. He did not ask her a lot of questions yesterday.
  4. She did not open her shop last year.
  5. We did not stay in the hotel all day long.
- 다음 밑줄 친 부분을 축약형으로 바꿔 쓰세요.
  1. didn't 2. don't 3. doesn't
  4. don't 5. didn't

연습문제 04

- 다음 문장을 의문문으로 바꿔 쓰세요.
  1. Was he a soccer player?
  2. Were they at the theater yesterday?
  3. Is his girlfriend still sick?
  4. Is she afraid of heights?
  5. Are you very diligent?
  6. Is the teacher very talented for music?
  7. Is this Jane's cell phone?
- 다음 질문에 대한 적절한 대답을 쓰세요.
  1. Yes, we are. 2. Yes, she is. 3. Yes, he does.
- 다음 문장을 의문문으로 바꿔 쓰세요.
  1. Did he drop the glass yesterday?
  2. Does the store have various clothes?
  3. Did she visit the city last year?
  4. Did a police officer stop her car?
  5. Did you plan to travel China?
  6. Did he make a big mistake yesterday?
  7. Does his brother want to buy a new car?
- 두 개의 보기 중에서 우리말에 맞는 영어 표현을 고르세요.
  1. need 2. Did 3. know

Chapter 02 문장의 형식

연습문제 05

- 다음 동사들을 자동사와 타동사로 구분하세요.
  1. 타동사 2. 자동사
  3. 자동사 4. 자동사
  5. 자동사 6. 타동사
  7. 자동사 8. 타동사

9. 자동사 10. 타동사
11. 타동사 12. 타동사
13. 타동사 14. 자동사

- 빈칸에 전치사가 들어갈 수 있는지 없는지 O, X로 표시하세요.
  1. O   2. X   3. O
  4. X   5. O   6. X

- 빈칸에 적절한 전치사를 쓰세요.
  1. in   2. about   3. to
  4. from   5. for   6. at
  7. with

- 다음 지문 중에서 틀린 부분을 모두 찾으세요.
  graduates → graduates from /
  discuss about → discuss

연습문제 06

- 다음 단어들을 형용사와 부사로 구분하세요.
  sad 형용사 well 부사 great 형용사
  nicely 부사 sick 형용사 foolish 형용사
  enjoyable 형용사 quickly 부사 rude 형용사
  strongly 부사 glad 형용사 scary 형용사
  drunk 형용사 slowly 부사 recently 부사
  missing 형용사

- 다음 밑줄 친 부분이 잘못된 문장을 고른 후 바르게 고쳐 쓰세요.
  1. o   2. o   3. smooth
  4. great   5. nice   6. o
  7. quickly   8. easy   9. o
  10. happy   11. o   12. clean

- 두 개의 보기 중에서 올바른 것을 고르세요.
  1. good   2. sweet   3. nice
  4. angry   5. suddenly   6. kindly

- 보기의 단어를 사용하여 다음 우리말을 영작하세요. (필요에 따라 영어 단어 변형 가능)
  1. Birds fly quietly.
  2. He looked angry.
  3. The classroom looked very nice.
  4. She was dancing gracefully.

연습문제 07

- 두 개의 보기 중에서 올바른 것을 고르세요.
  1. for   2. to   3. to
  4. to   5. to

- 다음 4형식 문장을 3형식 문장으로 바꿔 쓰세요.
  1. I'll tell the truth to you.
  2. Jane asked my address of me.
  3. I will buy a drink for you.
  4. You can teach English to us.
  5. I bought a new camera for my son.

- 밑줄 친 부분을 바르게 고쳐 쓰세요.
  1. of me   2. to me   3. to me
  4. for me   5. for my cats

- 빈칸에 들어갈 적절한 단어를 보기에서 골라 쓰세요. (중복 가능)
  1. made / for   2. bought / for   3. sent / to
  4. teaches / to   5. asked / of

연습문제 08

- 두 개의 보기 중에서 올바른 것을 고르세요.
  1. to me   2. her son to them
  3. to the police   4. my intention to him
  5. told   6. speaks
  7. told

- 빈칸에 들어갈 적절한 단어를 보기에서 골라 쓰세요. (중복 가능)
  1. say   2. tell   3. speaks
  4. say   5. tell   6. says
  7. told   8. speak

연습문제 09

- 빈칸에 들어갈 적절한 전치사를 보기에서 골라 쓰세요. (중복 가능)
  1. for   2. with   3. with
  4. for   5. with

- 빈칸에 적절한 전치사를 쓰세요.
  1. on   2. on   3. on
  4. on   5. on   6. with

- 빈칸에 들어갈 적절한 동사를 보기에서 골라 쓰세요.
  give / provide

연습문제 10

- 두 개의 보기 중에서 올바른 것을 고르세요.
  1. from crying   2. to help   3. from going
  4. to go   5. to forgive   6. to study
  7. to eat   8. to fire

- 밑줄 친 부분을 바르게 고쳐 쓰세요.
  1. from spreading   2. from drinking
  3. to do   4. waiting

5. from trying
6. to drive
7. to provide

연습문제 11

- 두 개의 보기 중에서 올바른 것을 고르세요.
  1. write
  2. use
  3. built
  4. help
  5. look
  6. annoyed
  7. visit
  8. picked up
- 보기 중에서 올바른 것을 고르세요.
  1. close
  2. cleaned
  3. carry
  4. know
  5. be repaired
  6. join

연습문제 12

- 두 개의 보기 중에서 올바른 것을 고르세요.
  1. enter
  2. enter
  3. beat
  4. playing
  5. paint
  6. go out
  7. fly
- 세 개의 보기 중에서 올바른 것을 고르세요.
  1. speak
  2. praised
  3. advertised
  4. call
  5. coming
  6. enter

연습문제 13

- 두 개의 보기 중에서 올바른 것을 고르세요.
  1. to arrest
  2. to go out
  3. to speak
  4. to practice
- 보기 중에서 빈칸에 들어갈 수 없는 것을 고르세요.
  1. enter
  2. sing
- 문장의 밑줄 친 부분을 보고 올바른 문장인지 틀린 문장인지 적으세요.
  1. 틀린 문장
  2. 틀린 문장
  3. 틀린 문장
  4. 올바른 문장
  5. 틀린 문장
- 괄호 안의 동사의 올바른 형태를 빈칸에 쓰세요.
  1. to refund
  2. to exchange
  3. blamed

연습문제 14

- 두 개의 보기 중에서 올바른 것을 고르세요.
  1. to promote
  2. get over
  3. to help
  4. putting
  5. forget
- 보기 중에서 올바른 것을 고르세요.
  1. laughing
  2. telling
  3. crying
  4. to throw
  5. to find
  6. to stop
  7. to bring

연습문제 15

- 두 개의 보기 중에서 올바른 것을 고르세요.
  1. homeless
  2. sweet
  3. real
  4. hopeless
- 우리말을 영어로 적절하게 표현한 문장을 고르세요.
  1. ①
  2. ②
  3. ①
- 우리말을 영어로 적절하게 표현한 문장을 고르세요.
  1. ③
  2. ③
- 제시어를 빈칸에 배열해서 문장을 완성하세요.
  1. make it difficult
  2. found it impossible

Chapter 03 시제

연습문제 16

- 괄호 안의 동사의 올바른 형태를 빈칸에 쓰세요.
  1. listens
  2. buys
  3. freezes
  4. teaches
  5. am washing
  6. watch
  7. is doing
  8. is living
  9. are waiting
  10. is talking
- 다음 밑줄 친 부분의 시제를 바르게 고쳐 쓰세요.
  1. is
  2. are waiting for
  3. takes
  4. is watching
  5. always helps
- 다음 문장 중에서 현재진행시제로 쓸 수 없는 것을 고르세요.
  2. He is having three cars.
  4. I am having a lot of courage.

연습문제 17

- 괄호 안의 동사를 시제에 맞게 빈칸에 쓰세요.
  1. went
  2. walked
  3. wrote
  4. has stayed
  5. has seen
  6. have seen
  7. left
  8. have met
- 두 개의 보기 중에서 올바른 것을 고르세요.
  1. have studied
  2. have occupied
  3. have already seen
  4. have watched
  5. have never played
  6. started
  7. got
  8. went

연습문제 18

- 다음 밑줄 친 부분의 시제가 맞으면 O, 틀리면 X로 표시하세요.
  1. O
  2. O
  3. X

230

4. O   5. O   6. O
7. X   8. X   9. X
10. O 11. X 12. O
13. O 14. O 15. X

- 두 개의 보기 중에서 올바른 것을 고르세요.
  1. went   2. bought
  3. have been   4. has been
  5. have objected   6. was
  7. was   8. have been
  9. was   10. have done
  11. was   12. haven't spoken
  13. have lived   14. apologized

연습문제 19

- 두 개의 보기 중에서 우리말에 맞는 영어 표현을 고르세요.
  1. had begun   2. had already seen
  3. had lost   4. had seen
  5. had already left   6. had reached
  7. had finished

- 두 개의 보기 중에서 올바른 것을 고르세요.
  1. had been closed   2. had worked
  3. had studied   4. had been cheated
  5. had worked   6. had already become
  7. had been

연습문제 20

- 두 개의 보기 중에서 올바른 것을 고르세요.
  1. was sold   2. had said   3. felt
  4. had been spoken   5. were

- 괄호 안의 동사를 시제에 맞게 빈칸에 쓰세요.
  1. had read   2. had been painted
  3. had started   4. had drunk
  5. had met

- 다음 우리말에 맞게 동사를 변형하여 빈칸을 채우세요.
  1. had no sooner drunk
  2. had no sooner started
  3. had no sooner seen
  4. had no sooner come
  5. had no sooner heard

- 다음 문장의 no sooner를 문두로 옮겨서 문장을 바꿔 쓰세요.
  1. No sooner had I left home than it began to rain.
  2. No sooner had the movie begun than the audience sat down.

연습문제 21

- 두 개의 보기 중에서 우리말에 맞는 영어 표현을 고르세요.
  1. will have finished   2. will have doubled
  3. will have come   4. will have been
  5. will have taught   6. will cease

- 두 개의 보기 중에서 올바른 것을 고르세요.
  1. will call   2. will have been sleeping
  3. will make   4. will have lived
  5. will recognize   6. will have
  7. will have eaten   8. will have scored

연습문제 22

- 두 개의 보기 중에서 우리말에 맞는 영어 표현을 고르세요.
  1. come   2. come   3. comes
  4. takes   5. are not solved   6. freezes

- 괄호 안의 동사를 시제와 수일치에 맞게 빈칸에 쓰세요.
  1. have   2. forget   3. gets
  4. turn   5. come

Chapter 04 조동사

연습문제 23

- 두 개의 보기 중에서 우리말에 맞는 영어 표현을 고르세요.
  1. must stop   2. couldn't have opened
  3. may have been   4. may be
  5. must exercise   6. must have studied
  7. will seat   8. could have seen
  9. would be

- 두 개의 보기 중에서 올바른 것을 고르세요.
  1. would turn up   2. must call
  3. must have canceled   4. could not speak
  5. might not have heard 6. could have been built
  7. would have been   8. might have prevented

연습문제 24

- 우리말을 영어로 적절하게 표현한 문장을 고르세요.
  1. ①   2. ②   3. ②
  4. ①   5. ②

- 두 개의 보기 중에서 올바른 것을 고르세요.
  1. used to play   2. used to be

- 우리말을 영어로 적절하게 표현한 문장을 고르세요.
  1. ②   2. ①   3. ①
  4. ②   5. ②   6. ①

231

연습문제 25

- 우리말을 영어로 적절하게 표현한 문장을 고르세요.
  1. ③ 2. ① 3. ②
  4. ② 5. ① 6. ②
  7. ①
- 우리말을 영어로 적절하게 표현한 문장을 고르세요.
  1. ① 2. ① 3. ②
  4. ① 5. ②
- 우리말과 같은 뜻이 되도록 빈칸을 채우세요.
  1. May   2. may have been
  3. may have been

연습문제 26

- 두 개의 보기 중에서 우리말에 맞는 영어 표현을 고르세요.
  1. should improve   2. should have been
  3. should know   4. should have apologized
  5. should have   6. should do
  7. should not have read   8. should have joined
- 두 개의 보기 중에서 올바른 것을 고르세요.
  1. act   2. should see   3. be   4. go
- 다음 밑줄 친 부분이 잘못된 것을 고른 후 바르게 고쳐 쓰세요.
  1. 이상 없음
  2. we (should) save
  3. my club members (should) help
  4. 이상 없음
  5. I (should) eat well for my health.

연습문제 27

- 두 개의 보기 중에서 올바른 것을 고르세요.
  1. be   2. do   3. need not
  4. try   5. don't need   6. to walk
- 우리말을 영어로 옮길 때 가장 적절한 표현을 고르세요.
  ① need not have been surprised
- 세 개의 보기 중에서 올바른 것을 고르세요.
  1. go   2. stay   3. have stayed
  4. stop   5. have read   6. have climbed
  7. sell   8. do

Chapter 05 가정법

연습문제 28

- 두 개의 보기 중에서 올바른 것을 고르세요.
  1. were   2. had worked
  3. would   4. could travel
  5. could have gone   6. had
  7. could not survive   8. would have told
- 밑줄 친 부분을 우리말에 맞게 고쳐 쓰세요.
  1. would have employed   2. had followed
  3. would have concluded   4. would have been
  5. had lived   6. had been
  7. would be

연습문제 29

- 두 개의 보기 중에서 올바른 것을 고르세요.
  1. might be   2. would not be
  3. would write   4. would be
  5. would go out   6. would be
- 다음 문장을 if가 포함된 문장으로 바꿔 쓰세요.
  1. If I were you, I would do the same thing.
  2. If I were rich, I would be glad to help you.
  3. If dad had told me the truth, I could have been a far better daughter.
- 다음 문장을 if가 생략된 문장으로 바꿔 쓰세요.
  1. Were I a millionaire, I would be able to have a large house of my own.
  2. Had computers thought like humans, then more people would have lost their jobs.

연습문제 30

- 두 개의 보기 중에서 올바른 것을 고르세요.
  1. should rain   2. would work
  3. were to live   4. would become
  5. should not be   6. could not spend
  7. should do
- 우리말을 영어로 적절하게 표현한 문장을 고르세요.
  1. ① 2. ② 3. ①
  4. ② 5. ① 6. ②

연습문제 31

- 두 개의 보기 중에서 우리말에 맞는 영어 표현을 고르세요.
  1. were   2. had not gone   3. were
  4. had been   5. were   6. had been

7. knew 8. had kept

- 밑줄 친 부분을 우리말에 맞게 고쳐 쓰세요.
  1. were not 2. were 3. had begun
  4. had seen 5. had not met 6. would come
  7. could find 8. could play 9. hadn't moved
  10. had not been canceled

연습문제 32

- 두 개의 보기 중에서 올바른 것을 고르세요.
  1. knew 2. had known 3. were
  4. were not 5. were 6. were
  7. were 8. had happened 9. had been

- 밑줄 친 부분을 우리말에 맞게 고쳐 쓰세요.
  1. had been 2. had never seen
  3. saw 4. were
  5. were 6. were astonished
  7. remembered 8. looked
  9. told 10. walked

Chapter 06 부정사와 동명사

연습문제 33

- 다음 부정사를 해석하세요.
  1. 부자가 되는 것이 2. 성공하기를
  3. 자기를 도와 줄 4. 앉을
  5. 현재 사건들을 알기 위해 6. 성공하는
  7. 마감일을 맞출 정도 8. 일부 직원들을 해고하게

- 두 개의 보기 중에서 우리말에 맞는 영어 표현을 고르세요.
  1. receiving 2. finding
  3. visiting 4. helping
  5. providing 6. being argumentative
  7. introducing

연습문제 34

- 우리말을 영어로 적절하게 표현한 문장을 고르세요.
  1. ① 2. ② 3. ②
  4. ① 5. ① 6. ②

- 세 개의 보기 중에서 우리말에 맞는 영어 표현을 고르세요.
  1. to have 2. to attain 3. saving
  4. booking 5. to smoke 6. to meet
  7. to give back

연습문제 35

- 두 개의 보기 중에서 우리말에 맞는 영어 표현을 고르세요.
  1. to see 2. to go 3. to see
  4. to be 5. to drink 6. to call off
  7. to go 8. to admit

- 세 개의 보기 중에서 올바른 것을 고르세요.
  1. to run for 2. to be 3. to pass
  4. to accept 5. to deliver 6. to assist
  7. to hire 8. to express

연습문제 36

- 다음 단어들을 동명사가 목적어로 오는 동사와 부정사가 목적어로 오는 동사로 구분하세요.

  enjoy 동명사 hope 부정사 admit 동명사
  expect 부정사 avoid 동명사 escape 동명사
  mind 동명사 deny 동명사 promise 부정사
  finish 동명사 seek 부정사 postpone 동명사
  choose 부정사 delay 동명사 put off 동명사
  pretend 부정사 give up 동명사 practice 동명사
  conside 부정사 agree 부정사 miss 동명사
  decide 부정사 offer 부정사 suggest 동명사
  imagine 동명사 determine 부정사 defer 동명사
  appreciate 동명사

- 두 개의 보기 중에서 우리말에 맞는 영어 표현을 고르세요.
  1. going 2. to finish 3. meeting
  4. leaving

- 두 개의 보기 중에서 올바른 것을 고르세요.
  1. having stolen 2. hearing 3. exercising
  4. knowing 5. nagging

- 괄호 안의 동사를 적절한 준동사로 바꿔 쓰세요.
  1. waiting 2. talking 3. making
  4. giving

연습문제 37

- 두 개의 보기 중에서 우리말에 맞는 영어 표현을 고르세요.
  1. to communicate 2. to come
  3. used to go 4. is used to
  5. used to 6. to working
  7. to facilitate 8. to caring

- 두 개의 보기 중에서 우리말에 맞는 영어 표현을 고르세요.
  1. walking 2. helping 3. using
  4. helping 5. achieving 6. sleeping
  7. opening

233

연습문제 38

- 두 개의 보기 중에서 올바른 것을 고르세요.
  1. is   2. Surfing   3. was
  4. to assist 5. to do   6. was
  7. organizing 8. is   9. is

- 밑줄 친 부분을 바르게 고쳐 쓰세요.
  1. saying   2. knowing   3. defining
  4. listening to 5. seeing

- 빈칸에 들어갈 적절한 단어를 보기에서 골라 쓰세요. (중복 가능)
  1. getting 2. get   3. get   4. to get

연습문제 39

- 우리말을 영어로 적절하게 표현한 문장을 고르세요.
  1. ①   2. ②   3. ①
  4. ②   5. ①

- 두 개의 보기 중에서 올바른 것을 고르세요.
  1. to make   2. to do

- 세 개의 보기 중에서 우리말에 맞는 영어 표현을 고르세요.
  1. to be   2. confusing   3. to disappear
  4. to cry   5. going   6. to deliver
  7. beating   8. to teach

연습문제 40

- 우리말을 영어로 적절하게 표현한 문장을 고르세요.
  1. ①   2. ①   3. ②
  4. ①   5. ②   6. ①
  7. ②

- 다음 빈칸에 공통으로 들어갈 단어나 표현을 적으세요.
  1. only   2. to be

- 우리말을 영어로 적절하게 표현한 문장을 고르세요.
  1. ③   2. ①

연습문제 41

- 두 개의 보기 중에서 우리말에 맞는 영어 표현을 고르세요.
  1. to hear   2. not to listen   3. to hear
  4. to be scolded   5. to hear

- 제시어를 빈칸에 배열해서 문장을 완성하세요.
  1. be selfish to say
  2. to be generous to help
  3. be angry to say

연습문제 42

- 우리말을 영어로 적절하게 표현한 문장을 모두 고르세요.
  1. ①   2. ①, ③   3. ②

- 다음 영어 문장을 의미가 같게 바꿔 쓰세요.
  1. impossible to finish in a day
  2. easy for the player to hit a home run

연습문제 42

- 다음 형용사들을 to부정사 앞에 의미상의 주어를 for로 표기하는 것과 of로 표기하는 것으로 구분하세요.

  difficult _for_   brave _of_   careful _of_
  hard _for_   foolish _of_   possible _for_
  necessary _for_   impossible _for_   clever _of_
  rude _of_   kind _of_   easy _for_
  convenient _for_   smart _of_   generous _of_
  polite _of_   important _for_   wise _of_
  natural _for_   considerate _of_   careful _of_
  safe _for_

- 두 개의 보기 중에서 올바른 것을 고르세요.
  1. of you   2. for me   3. for her
  4. of you   5. For her

- 두 개의 보기 중에서 올바른 것을 고르세요.
  1. My   2. your   3. my
  4. my   5. a ship   6. his success
  7. his   8. our   9. John's
  10. the car

연습문제 43

- 우리말을 영어로 적절하게 표현한 문장을 고르세요.
  1. ①   2. ②   3. ②
  4. ②   5. ①   6. ①

- 두 개의 보기 중에서 우리말에 맞는 영어 표현을 고르세요.
  1. having been   2. having done   3. being
  4. succeeding   5. having been   6. having taken
  7. being   8. climbing

연습문제 44

- 두 개의 보기 중에서 우리말에 맞는 영어 표현을 고르세요.
  1. to be invited   2. to be cleaned
  3. having been cheated 4. to arrive
  5. to be seen   6. to be transferred
  7. to be held   8. being disappointed

- 두 개의 보기 중에서 올바른 것을 고르세요.
  1. being robbed of   2. making
  3. being accepted   4. being disturbed
  5. being sold

- 우리말을 영어로 바꾼 다음 문장을 보고 올바른 문장인지 틀린 문장인지 적으세요.
  1. 올바른 문장   2. 틀린 문장   3. 틀린 문장
  4. 틀린 문장

Chapter 07 분사

연습문제 45

- 우리말에 맞는 표현을 고르세요.
  1. sold   2. closed   3. teaching
  4. sending   5. seeing   6. made
  7. knowing   8. composed   9. expecting
  10. caught   11. bought   12. serving
  13. finished   14. rising   15. growing
  16. surrounding 17. forgotten 18. standing
  19. read   20. discovered 21. judged
  22. avoiding   23. stolen   24. frozen
  25. leaving

- 두 개의 보기 중에서 우리말에 맞는 영어 표현을 고르세요.
  1. intended   2. hidden   3. developed
  4. painted   5. growing   6. growing
  7. finished   8. stolen

연습문제 46

- 우리말에 맞는 표현을 고르세요.
  1. cleaning   2. solved   3. filled
  4. shaking   5. corrected   6. wounded
  7. derived   8. blaming   9. believing
  10. approaching 11. discussed 12. bitten

- 두 개의 보기 중에서 우리말에 맞는 영어 표현을 고르세요.
  1. kept   2. robbed   3. burning
  4. written

- 두 개의 보기 중에서 우리말에 맞는 영어 표현을 고르세요.
  1. is being printed   2. will wait
  3. went   4. was found
  5. will be invited   6. planning
  7. repaired

- 밑줄 친 부분을 바르게 고쳐 쓰세요.
  1. should be finished   2. must not be forgotten

연습문제 47

- 밑줄 친 우리말에 맞는 표현을 고르세요.
  1. satisfying   2. exciting   3. tiring
  4. frightened   5. boring   6. irritated
  7. confusing   8. relieved   9. satisfied
  10. pleasing   11. surprised   12. scared
  13. disappointing 14. depressing   15. annoying
  16. shocking   17. discouraged 18. interesting
  19. embarrassing 20. puzzled   21. delighting
  22. amazing   23. horrifying

- 두 개의 보기 중에서 우리말에 맞는 영어 표현을 고르세요.
  1. interesting   2. satisfied   3. amazing
  4. interesting   5. shocking   6. disappointed
  7. surprised   8. scared   9. relieved
  10. tired

연습문제 48

- 밑줄 친 부분을 분사구문으로 고치세요.
  1. Walking along the street
  2. Turning to the right
  3. Being poor
  4. Being written in easy English
  5. Crossing the street
  6. Being born in a poor family

- 밑줄 친 부분을 분사구문으로 표현하세요.
  1. Leaving the house
  2. Printed in haste
  3. Being ill
  4. Being impatient of the heavy work
  5. Being sick
  6. Not knowing what to do
  7. Being tired because of hard work

연습문제 49

- 우리말을 영어로 적절하게 표현한 문장을 고르세요.
  1. ②   2. ①   3. ②
  4. ①

- 다음 문장이 올바른 문장인지 틀린 문장인지 적으세요.
  1. 올바른 문장   2. 틀린 문장   3. 틀린 문장
  4. 올바른 문장   5. 틀린 문장   6. 틀린 문장

- 두 개의 보기 중에서 우리말에 맞는 영어 표현을 고르세요.
  1. wanting   2. Held   3. protecting
  4. disappointed 5. satisfied   6. wounded
  7. Driving   8. Breaking

연습문제 50

- 우리말을 영어로 적절하게 표현한 문장을 고르세요.
  1. ①　　　2. ①　　　3. ②
  4. ②　　　5. ①　　　6. ②

- 두 개의 보기 중에서 우리말에 맞는 영어 표현을 고르세요.
  1. Having finished
  2. Having spent
  3. Having read
  4. Having eaten
  5. Having drunk
  6. having blamed
  7. Having sailed
  8. Having lived
  9. Having got